Popcorn-Kochbuch:

Von der klassischen bis zur Gourmet-Version

Entdecken Sie die 100 besten Rezepte für das köstlichste Popcorn, das Sie je probiert haben.

Karoline Voigt

Alle Rechte vorbehalten.

Haftungsausschluss

in diesem E-Book enthaltenen Informationen sollen als umfassende Sammlung von Strategien dienen, über die der Autor dieses E-Books recherchiert hat. Zusammenfassungen, Strategien, Tipps und Tricks sind lediglich Empfehlungen des Autors und das Lesen dieses E-Books garantiert nicht, dass die eigenen Ergebnisse genau den Ergebnissen des Autors entsprechen. Der Autor des E-Books hat alle angemessenen Anstrengungen unternommen, um den Lesern des E-Books aktuelle und genaue Informationen bereitzustellen. Der Autor und seine Mitarbeiter haften nicht für etwaige unbeabsichtigte Fehler oder Auslassungen. Das Material im E-Book kann Informationen von Dritten enthalten. Materialien Dritter enthalten Meinungen ihrer Eigentümer. Daher übernimmt der Autor des E-Books keine Verantwortung oder Haftung für Materialien oder Meinungen Dritter. Ob aufgrund der Weiterentwicklung des Internets oder aufgrund unvorhergesehener Änderungen der Unternehmensrichtlinien und der redaktionellen Einreichungsrichtlinien: Was zum Zeitpunkt der Erstellung dieses Artikels als Tatsache angegeben wurde, kann später veraltet oder nicht mehr anwendbar sein.

Das E-Book unterliegt dem Urheberrecht © 2023, alle Rechte vorbehalten. Es ist illegal, dieses E-Book ganz oder teilweise weiterzuverbreiten, zu kopieren oder davon abgeleitete Werke zu erstellen. Kein Teil dieses Berichts darf ohne die ausdrückliche schriftliche und unterzeichnete Genehmigung des Autors in irgendeiner Form reproduziert oder weitergegeben werden.

INHALTSVERZEICHNIS

INHALTSVERZEICHNIS 3
EINFÜHRUNG 8
1. Rosa Limonaden-Popcorn 9
2. Spirulina -Popcorn 11
3. Rotes Samt-Popcorn 13
4. Popcorn-Soufflés mit gesalzenem Karamell 15
5. Matcha-Limetten-Popcorn 19
6. Cranberry-Popcornriegel 22
7. Candy-Corn-Popcornbällchen 24
8. Marshmallow-Popcorn-Milchshake 26
9. Bourbon-Karamell-Cluster 28
10. Hurrikan Popcorn 31
11. Schmetterlingserbsen- Limetten-Popcorn 33
12. Toblerone -Popcorn 36
13. Gewürztes Popcorn für den Herd 38
14. Popcorn Bälle 40
15. Heißluftfritteusen-Popcorn mit Knoblauchsalz 42
16. Bettler-Popcorn 44
17. Knusprige italienische Popcornmischung 46
18. Sriracha-Popcorn-Eis 48
19. Akadisches Popcorn 51
20. Zitronen-Pfeffer-Popcorn mit Parmesan 54
21. Nori-Algen-Popcorn 56

22. Kettle Corn & Kisses 58
23. Hakka-Gewürz-Popcorn 60
24. Karamell-Popcorn-Cluster mit gerösteten Erdnüssen 62
25. Asiatischer Fusion-Party-Mix 65
26. Über die Grenze hinaus Popcorn 67
27. Mandel-Mokka-Popcorn 69
28. Mandel-Toffee-Popcorn 71
29. Amaretto-Popcorn 73
30. Aprikosen-Leckerei-Popcorn 75
31. Astronauten-Popcorn 77
32. Speck-Käse-Popcorn 79
33. Bayou-Popcorn 81
34. BBQ-Popcorn 83
35. Buffalo Hot Corn 85
36. Butter-Pekannuss-Popcorn 87
37. Butterscotch Brownies A-Poppin 89
38. Butterscotch-Popcorn-Crunch 91
39. Cajun-Popcorn 94
40. Süßigkeiten-Apfel-Popcornbällchen 96
41. Caramel Popcorn 98
42. Cheddar-Popcorn 100
43. Kirschpopcorn 102
44. Hühnchen-Popcorn 104
45. Chili-Popcorn 106
46. Chinesischer Popcorn-Genuss 108

47. Schokoladen-Creme-Popcorn 110
48. Popcornquadrate mit Schokoladenglasur 112
49. Zimt-Apfel-Popcorn 114
50. CocoaPop Fudge 116
51. Kokos-Pekannuss-Popcorn 118
52. Kokos-Popcorn-Kuchen 120
53. Cracklies 123
54. Cranberry-Popcornbällchen 125
55. Curry-Parmesan-Popcorn 127
56. Betrunkene Popcornbällchen 129
57. Fruchtiger Popcorn-Auflauf 131
58. Fruchtige Popcorn-Kekse 133
59. Knoblauch-Cheddar-Popcornbällchen 135
60. Goldene Popcorn-Quadrate 137
61. Müsli-Crunch-Popcorn 139
62. Müsli-Popcorn-Riegel 141
63. Ernte-/Herbst-Popcorn 143
64. Hawaiianische Popcorn-Mischung 145
65. Himmlisches Hash-Popcorn 147
66. Feiertags-Popcornbällchen 149
67. Honig-Pekannuss-Popcorn 151
68. Heißes Senf-Popcorn 153
69. Eis-Popcornwiches 155
70. Jamaikanisches Popcorn 157
71. Jelly Bean Popcorn Heaven 159

72. Dschungel-Popcorn 161
73. Kemtuky Pralinen-Popcorn 163
74. Popcorn-Crunch für Kinder 165
75. Zitronenpopcorn 167
76. Lakritz-Popcorn 169
77. LolliPopcorn-Überraschung 171
78. Mac-Corn-Roon-Kekse 173
79. Ahorn-Maisquadrate 175
80. Marshmallow Creme Popc orn 177
81. Pilz-Popcorn 179
82. Nacho-Popcorn 181
83. Orangen kandiertes Popcorn 183
84. Parmesan-Schnittlauch-Popcorn 185
85. Erdnussbutter-Popcorn 187
86. Erdnussbutter-Popcornbecher 189
87. Pfefferminz-Bonbon-Popcorn 191
88. Pfefferiges Popcorn 193
89. Pesto-Popcorn 195
90. Pina-Colada-Popcorn 197
91. Pikantes Popcorn 200
92. Pizza-Popcorn 202
93. Popcorn à la Koolaid 204
94. Popcorn-Cluster 206
95. Popcorn-Heuhaufen 208
96. Popcorn-Honigbällchen 210

97. Popcorn Italiano..212
98. Popcorn-Makronen..214
99. Popcorn-Muffins..216
100. Popcorn am Stiel / Eis am Stiel-Stil.....................218
ABSCHLUSS...220

EINFÜHRUNG

Dieses Buch ist voll von Popcorn-Rezepten, die unglaublich viel Spaß machen und erschwinglich zu Hause zubereitet werden können. Bei 100 leckeren Rezepten gibt es viel mehr als nur die bekannten Geschmacksrichtungen Karamell und Cheddar. Sie finden kreative Rezepte wie Peperoni-Pizza, Bacon Teriyaki, Taco-Limetten-Geschmack, Gooey S'mores sowie lustiges Popcorn für Kinder und ein weiteres nur für die Feiertage. Dank der großen Auswahl an Popcorn-Geschmacksrichtungen gibt es für jeden Anlass das passende Popcorn. Noch besser: Popcorn ist von Natur aus vegan, vegetarisch und glutenfrei, eine tolle Alternative zu ungesunden verarbeiteten Snacks.

Dieses lebendige Buch ist der ultimative Popcorn-Ratgeber!

1. Rosa Limonaden-Popcorn

Ergibt: 6 bis 8 Portionen

ZUTATEN:
- Ein 3,2-Unzen-Beutel Mikrowellen-Kesselmais
- 1 ½ Teelöffel rosa Limonadengetränkepulver

ANWEISUNGEN:
a) Den Kesselmais nach Packungsanleitung zubereiten.
b) Nehmen Sie den Beutel aus der Mikrowelle und öffnen Sie ihn vorsichtig.
c) Während das Popcorn noch warm ist, das rosa Limonaden-Getränkepulver hinzufügen.
d) Halten Sie den Beutel mit der Hand geschlossen und schütteln Sie ihn kräftig, bis alles gut vermischt ist.
e) Sofort servieren oder in einem luftdichten Behälter aufbewahren.

2. Spirulina -Popcorn

Ergibt: 4 Portionen

ZUTATEN:
- Geriebener Parmesankäse
- Knoblauchpulver
- ½ Esslöffel Dulse-Flocken
- Cayennepfeffer, Chilischote oder Paprika
- 1 Esslöffel Spirulina

ANWEISUNGEN:
a) Popcorn wie gewohnt zubereiten.
b) Mischen Sie einige oder alle der oben genannten Zutaten.
c) Während das Popcorn noch warm ist, die Gewürzmischung hinzufügen und kräftig schütteln, damit das Popcorn gleichmäßig bedeckt ist.

3. Rotes Samt-Popcorn

Ergibt: 8 Portionen

ZUTATEN:
- 16 Tassen Popcorn
- 3 Tassen rote Samtkuchenkrümel
- 20 Unzen weiße Schokolade oder weiße Schmelzbonbons

ANWEISUNGEN
a) Popcorn mit einem Air-Popper in eine große Schüssel füllen.
b) Schmelzen Sie Ihre weiße Schokolade gemäß der Packungsanleitung.
c) Gießen Sie die geschmolzene Schokolade über das Popcorn und rühren Sie um, bis es vollständig bedeckt ist.
d) Gießen Sie das Popcorn auf eine mit Wachspapier ausgelegte Arbeitsfläche und bestreuen Sie es mit Ihren roten Samtkrümeln.
e) Lassen Sie es vor dem Verzehr vollständig trocknen.

4. Popcorn-Soufflés mit gesalzenem Karamell

Macht: 4

ZUTATEN:
- 125 ml Vollmilch
- 125 ml Doppelrahm
- 105 g Puderzucker
- 25g Puddingreis
- 1 Vanilleschote, gespalten
- 75 g ungesalzene Butter, weich
- 6 Eiweiß
- 20g Popcorn

Gesalzene Karamellsauce
- 100 g Puderzucker, plus 75 g für die Auflaufförmchen
- 45 g gesalzene Butter, in Stücke geschnitten
- 60 ml Doppelrahm
- $\frac{1}{2}$ Teelöffel Meersalz

ANWEISUNGEN:
a) Heizen Sie den Ofen auf 140 °C vor und stellen Sie vier 9,5 cm x 5 cm große Souffléformen oder Auflaufförmchen zum Abkühlen in den Kühlschrank.
b) Milch, Sahne, 15 g Zucker, Reis, Vanilleschote und eine Prise Salz in einer ofenfesten Pfanne vermischen.
c) Abdecken und 2 Stunden backen oder bis der Reis weich ist, dabei alle 30 Minuten umrühren.
d) Entfernen Sie die Vanilleschote, geben Sie die Mischung dann in einen Mixer und pürieren Sie sie zu

einem glatten Püree. Achten Sie dabei darauf, dass keine Reiskörner zurückbleiben. Abdecken und abkühlen lassen.

e) In der Zwischenzeit für die Karamellsauce 100 g Zucker auf den Boden einer Pfanne mit schwerem Boden streuen.

f) Bei mittlerer bis hoher Hitze erhitzen und dabei genau beobachten, wie der Zucker zu schmelzen beginnt.

g) Schütteln Sie die Pfanne gelegentlich, um den nicht geschmolzenen Zucker zu verteilen. Sobald er geschmolzen ist, verwenden Sie einen Silikonspatel, um ihn zusammenzubringen und alle Klumpen vorsichtig aufzubrechen.

h) Wenn es eine glatte, tief bernsteinfarbene Flüssigkeit ist – achten Sie darauf, dass sie nicht anbrennt –, rühren Sie schnell die Butter ein.

i) Die Sahne langsam unter Rühren einfüllen, bis eine glänzende, glänzende Karamellsoße entsteht. Meersalz einrühren. Beiseite legen.

j) Wenn die Auflaufförmchen vollständig abgekühlt sind, nehmen Sie sie aus dem Kühlschrank und bestreichen Sie die Innenseite großzügig mit der Butter. Achten Sie dabei darauf, dass keine Flecken übersehen werden, und streichen Sie dabei bis zum Rand.

k) Geben Sie die 75 g Zucker in eine Auflaufform und drehen Sie diese so, dass das Innere vollständig mit Zucker bedeckt ist. Geben Sie dann den Überschuss in die nächste Auflaufform und wiederholen Sie den Vorgang, bis alles bedeckt ist. Beiseite legen.

l) Geben Sie das Eiweiß in eine große Schüssel und schlagen Sie es mit einem elektrischen Schneebesen 1 Minute lang auf höchster Stufe.

m) Nach und nach ein Viertel des restlichen Zuckers hinzufügen, eine weitere Minute lang verrühren, dann ein weiteres Viertel.

n) Wiederholen, bis der gesamte Zucker eingearbeitet ist.

o) Sobald der gesamte Zucker hinzugefügt ist, rühren Sie weitere 30 Sekunden weiter, bis sich steife, glänzende Spitzen bilden.

p) In der Zwischenzeit das Milchreispüree und 15 g der gesalzenen Karamellsauce in eine große hitzebeständige Schüssel geben, die über einem Topf mit siedendem Wasser steht.

q) Erwärmen Sie die Mischung vorsichtig, rühren Sie sie um und nehmen Sie sie dann vom Herd.

r) Ein Viertel des geschlagenen Eiweißes unter die Milchreismischung heben, um sie aufzulockern, dann den Rest unterheben, bis alles gut eingearbeitet ist.

s) Heizen Sie den Ofen auf 200 °C vor.

t) Die Soufflé-Mischung in die vorbereiteten Auflaufförmchen geben und diese leicht überfüllen.

u) Glätten Sie die Oberseiten mit einem Spachtel.

v) Führen Sie Ihren zusammengedrückten Daumen und Zeigefinger über den Innenrand der einzelnen Auflaufförmchen, um sicherzustellen, dass die Soufflés gerade aufgehen.

w) Bestreuen Sie die Spitzen mit Popcorn, legen Sie sie auf ein Backblech und backen Sie sie auf der mittleren Schiene im Ofen.

5. Matcha-Limetten-Popcorn

Ergibt: 2 Portionen

ZUTATEN:
- 1 Esslöffel Kokosöl
- ¼ Tasse Popcornkerne
- 2 Esslöffel Zucker
- 1 Esslöffel vegane Butter
- ½ Teelöffel Wasser
- 1 Teelöffel Matcha-Pulver
- 1 Teelöffel sehr fein gehackte Limettenschale

ANWEISUNGEN

a) Das Öl in einem großen und tiefen Topf oder Topf bei mittlerer Hitze erhitzen. Geben Sie ein paar Popcornkerne in den Topf und warten Sie, bis sie platzen.

b) Sobald sie aufgeplatzt sind, die restlichen Popcornkörner hinzufügen, umrühren, bis sie mit Öl bedeckt sind, und vom Herd nehmen. Warten Sie 30-50 Sekunden und stellen Sie den Topf wieder auf den Herd.

c) Mit einem Deckel abdecken und warten, bis die Kerne aufplatzen. Sobald es zu platzen beginnt, schütteln Sie den Topf ein paar Mal, um sicherzustellen, dass alle Kerne gleichmäßig garen. Weiterkochen, bis alle Kerne aufgeplatzt sind. Vom Herd nehmen und in eine große Rührschüssel geben.

d) Den Zucker und die vegane Butter in einen kleinen Topf geben. Fügen Sie gerne auch eine Prise Salz hinzu. Bei mittlerer Hitze erhitzen und etwa 1 Minute kochen lassen.

Fügen Sie das Wasser hinzu, rühren Sie um und kochen Sie es weitere 20 Sekunden lang oder bis sich der Zucker vollständig aufgelöst hat.

e) Über das Popcorn gießen und dabei umrühren, damit es gleichmäßig mit dem Sirup bedeckt ist. Das Matcha-Pulver über das Popcorn sieben und verrühren. Die Limettenschale dazugeben und nochmals umrühren.

f) Sofort servieren! Dieses Popcorn wird am besten noch am selben Tag serviert, Sie können es aber am nächsten Tag in einem auf 350 °F vorgeheizten Ofen etwa 5 Minuten lang aufwärmen.

6. Cranberry-Popcornriegel

Ergibt: 4 Portionen

ZUTATEN:
- 3 Unzen Mikrowellen-Popcorn, gepoppt
- ¾ Tasse weiße Schokoladenstückchen
- ¾ Tasse gesüßte getrocknete Preiselbeeren
- ½ Tasse gesüßte Kokosraspeln
- ½ Tasse Mandelblättchen, grob gehackt
- 10 Unzen Marshmallows
- 3 Esslöffel Butter

ANWEISUNGEN:
a) Eine 13 x 9 Zoll große Backform mit Aluminiumfolie auslegen; Mit Antihaft-Gemüsespray einsprühen und beiseite stellen. In einer großen Schüssel Popcorn, Schokoladenstückchen, Preiselbeeren, Kokosnuss und Mandeln vermengen. beiseite legen. In einem Topf bei mittlerer Hitze Marshmallows und Butter rühren, bis sie geschmolzen und glatt sind.

b) Über die Popcornmischung gießen und verrühren, bis sie vollständig bedeckt ist. schnell in die vorbereitete Pfanne geben.

c) Legen Sie ein Blatt Wachspapier darüber. fest andrücken. 30 Minuten kalt stellen oder bis es fest ist. Heben Sie die Riegel aus der Pfanne und verwenden Sie dabei Folie als Griffe. Folie und Wachspapier abziehen. In Riegel schneiden; weitere 30 Minuten kalt stellen.

7. Candy-Corn-Popcornbällchen

Macht: 10

ZUTATEN:
- 8 Tassen Popcorn
- 1 Tasse Zuckermais
- $\frac{1}{4}$ Tasse Butter
- $\frac{1}{4}$ Teelöffel Salz
- 10-Unzen-Pkg. Marshmallows

ANWEISUNGEN:
a) Popcorn und Zuckermais in einer großen Schüssel vermengen. beiseite legen. Butter in einem großen Topf bei mittlerer Hitze schmelzen; Salz und Marshmallows unterrühren.

b) Reduzieren Sie die Hitze auf einen niedrigen Wert und kochen Sie unter häufigem Rühren 7 Minuten lang oder bis die Marshmallows schmelzen und die Mischung glatt ist.

c) Über die Popcornmischung gießen und umrühren, bis sie bedeckt ist. Bestreichen Sie die Hände leicht mit Gemüsespray und formen Sie die Popcornmischung zu 10 cm großen Kugeln.

d) Bei Bedarf Kugeln einzeln in Zellophan einwickeln.

8. Marshmallow-Popcorn-Milchshake

Ergibt: 2 Portionen

ZUTATEN:
- 1 Tasse Vollmilch
- ⅔ Tasse Popcorn
- ½ Tasse Mini-Marshmallows
- ⅔ Tasse Vanilleeis
- ¼ Teelöffel Salz

ANWEISUNGEN:
a) Geben Sie das Popcorn in einen Mixer und zerkleinern Sie es, bis das Popcorn wie feine Semmelbrösel aussieht.
b) Dann die Marshmallows, die Milch und das Eis hinzufügen. Alles glatt rühren.
c) Probieren Sie den Milchshake und sehen Sie, wie er zunächst ohne Salzzusatz schmeckt.
d) Dann die Marshmallows, die Milch und das Eis hinzufügen. Alles glatt rühren.
e) Probieren Sie den Milchshake und sehen Sie, wie er zunächst ohne Salzzusatz schmeckt.

9. Bourbon-Karamell-Cluster

Ergibt: 24 Cluster

ZUTATEN:
- 2 Esslöffel Pflanzenöl
- ⅓ Tasse Popcornkerne
- 4 Esslöffel pflanzliche Butter
- 1½ Tassen hellbrauner Zucker, fest verpackt
- ½ Tasse leichter Maissirup
- 2 Esslöffel Bourbon
- ½ Teelöffel Salz
- ½ Teelöffel Backpulver
- 1 Tasse gehackte Pekannüsse, geröstet

ANWEISUNGEN:

a) Erhitzen Sie 3 Popcornkerne in Pflanzenöl in einem mittelgroßen Topf mit Deckel bei mittlerer Hitze. Geben Sie die restlichen Kerne hinzu und decken Sie den Topf wieder ab, sobald einer platzt.

b) Unter ständigem Schütteln der Pfanne 3 Minuten kochen lassen oder bis die Körner nicht mehr platzen.

c) Heizen Sie den Ofen auf 350 °F vor und legen Sie ein Backblech mit Aluminiumfolie aus.

d) Mit Antihaft-Kochspray einsprühen.

e) Die pflanzliche CannaButter in einem Topf schmelzen. Fügen Sie hellbraunen Zucker und hellen Maissirup hinzu.

f) Bringen Sie die Mischung unter gelegentlichem Rühren 10 Minuten lang zum Kochen oder bis sie 300 °F erreicht.

g) Schalten Sie den Herd aus und geben Sie Bourbon, Salz, Backpulver, Pekannüsse und Popcorn hinzu und vermengen Sie alles.

h) Übertragen Sie die Mischung auf das vorbereitete Backblech und ordnen Sie die Cluster an.

i) Vor dem Servieren mindestens 30 Minuten abkühlen lassen.

10. Hurrikan Popcorn

Ergibt: 4 Portionen

ZUTATEN:
- 1 Liter frisches Popcorn
- 1 Esslöffel geschmolzene Butter
- $\frac{1}{8}$ Teelöffel Sojasauce
- 1 Esslöffel Nori Furikake
- Japanische Reiscracker

ANWEISUNGEN:
a) Mischen Sie einen Hauch Sojasauce mit zerlassener Butter. Die Buttermischung nach und nach über das Popcorn träufeln und so gleichmäßig wie möglich verteilen. Gut mischen.

b) Streuen Sie Furikake über das Popcorn und rühren/schütteln Sie es gut, um es zu verteilen. Reiscracker untermischen.

c) Mit einer zusätzlichen Prise Furikake bestreuen.

11. Schmetterlingserbsen- Limetten-Popcorn

Ergibt: 2 Portionen

ZUTATEN:
- 1 Esslöffel Kokosöl
- ¼ Tasse Popcornkerne
- 2 Esslöffel Zucker
- 1 Esslöffel vegane Butter
- ½ Teelöffel Wasser
- 1 Teelöffel Schmetterlingserbsenpulver
- 1 Teelöffel sehr fein gehackte Limettenschale

ANWEISUNGEN

a) Das Öl in einem großen und tiefen Topf oder Topf bei mittlerer Hitze erhitzen.

b) Geben Sie ein paar Popcornkerne in den Topf und warten Sie, bis sie platzen.

c) Sobald sie aufgeplatzt sind, die restlichen Popcornkörner hinzufügen, umrühren, bis sie mit Öl bedeckt sind, und vom Herd nehmen. Warten Sie 30-50 Sekunden und stellen Sie den Topf wieder auf den Herd.

d) Mit einem Deckel abdecken und warten, bis die Kerne aufplatzen. Sobald es zu platzen beginnt, schütteln Sie den Topf ein paar Mal, um sicherzustellen, dass alle Kerne gleichmäßig garen. Weiterkochen, bis alle Kerne aufgeplatzt sind. Vom Herd nehmen und in eine große Rührschüssel geben.

e) Den Zucker und die vegane Butter in einen kleinen Topf geben. Fügen Sie gerne auch eine Prise Salz hinzu. Bei mittlerer Hitze erhitzen und etwa 1 Minute kochen lassen. Fügen Sie das Wasser hinzu, rühren Sie um und kochen Sie es weitere 20 Sekunden lang oder bis sich der Zucker vollständig aufgelöst hat.

f) Über das Popcorn gießen und dabei umrühren, damit es gleichmäßig mit dem Sirup bedeckt ist.

g) Die Schmetterlingserbse über das Popcorn sieben und verrühren. Die Limettenschale dazugeben und nochmals umrühren.

h) Sofort servieren.

12. Toblerone -Popcorn

Macht: 1

ZUTATEN:
- 1 Tüte Popcorn
- ½ Tobleroneriegel
- ⅓ Tasse Milch

ANWEISUNGEN
a) Lass das Popcorn platzen
b) Schokolade und Milch in einen Topf geben
c) Schalten Sie mittlere bis niedrige Hitze ein
d) Rühren Sie zunächst ziemlich häufig um und lassen Sie die Schokolade dann zu einer Soße werden
e) Sobald eine glatte Konsistenz entsteht, über das Popcorn träufeln

13. Gewürztes Popcorn für den Herd

Ergibt: 10 TASSEN

ZUTATEN:
- 1 Esslöffel Öl
- 1 Teelöffel Garam Masala
- ½ Tasse ungekochte Popcornkerne
- 1 Teelöffel grobes Meersalz

ANWEISUNGEN:
a) Das Öl in einer tiefen, schweren Pfanne bei mittlerer Hitze erhitzen.
b) Die Popcornkerne unterrühren.
c) 7 Minuten bei abgedeckter Pfanne köcheln lassen.
d) Schalten Sie den Herd aus und lassen Sie das Popcorn bei geschlossenem Deckel 3 Minuten ruhen.
e) Mit Salz und Masala abschmecken.

14. Popcorn Bälle

ZUTATEN:

- 7 Liter gepopptes Popcorn
- 1 Tasse Melasse
- 1 Tasse Kristallzucker
- ⅓ Tasse Wasser
- ½ Teelöffel Salz
- ½ Teelöffel Vanille

ANWEISUNGEN:

a) Popcorn in eine große Backform geben; im 200°-Ofen warm halten.

b) In einem schweren Topf Zucker, Melasse, Wasser und Salz vermischen.

c) Bei mittlerer Hitze kochen, bis ein Bonbonthermometer 235° anzeigt (Softball-Stadium).

d) Vom Herd nehmen. Fügen Sie die Vanille hinzu.

e) Sofort über das Popcorn gießen und umrühren, bis es gleichmäßig bedeckt ist.

f) Wenn die Mischung abgekühlt genug ist, um sie zu verarbeiten, formen Sie sie schnell zu einem 7,6 cm großen Teig. Kugeln, Hände in kaltes Wasser tauchen, um ein Anhaften zu verhindern.

15. Heißluftfritteusen-Popcorn mit Knoblauchsalz

Ergibt 1 Portion

ZUTATEN:

- 2 Esslöffel Olivenöl
- ¼ Tasse Popcornkerne
- 1 Teelöffel Knoblauchsalz
- Lebensmittelfarbe

ANWEISUNGEN:
a) Heizen Sie die Heißluftfritteuse auf 380 °F vor.
b) Reißen Sie ein Quadrat Aluminiumfolie in der Größe des Bodens der Heißluftfritteuse ab und legen Sie es in die Heißluftfritteuse.
c) Olivenöl über die Oberseite der Folie träufeln und dann die Popcornkerne hineingießen.
d) 8 bis 10 Minuten rösten, oder bis das Popcorn aufhört zu platzen.
e) Geben Sie das Popcorn in eine große Schüssel und bestreuen Sie es vor dem Servieren mit Knoblauchsalz und Lebensmittelfarbe.

16. Bettler-Popcorn

Ergibt: Ungefähr 4 Tassen geplatzt

ZUTATEN:
- 2 Esslöffel Popcornkerne
- 2 Spritzer Antihaft-Kochspray
- Zimt nach Geschmack
- Chilipulver nach Geschmack
- Cayennepfeffer nach Geschmack
- Knoblauchpulver nach Geschmack
- 1 Teelöffel Meersalz

ANWEISUNGEN

a) Legen Sie das ungekochte Popcorn in eine braune Papiertüte.

b) Sprühen Sie das Innere des Beutels und die Körner mit Antihaft-Kochspray ein und falten Sie dann die Oberseite des Beutels fünfmal fest nach unten, um Platz für den gepoppten Mais zu schaffen.

c) 2 Minuten lang auf mittlerer bis hoher Stufe in der Mikrowelle erhitzen.

d) Mit Zimt, Chilipulver, Cayennepfeffer, Knoblauch und Salz würzen. Verschließen Sie den Beutel wieder und schütteln Sie ihn kräftig.

17. Knusprige italienische Popcornmischung

Ergibt: 10 Portionen

ZUTATEN:
- 10 Tassen Gepopptes Popcorn
- 3 Tassen Maissnacks in Form eines Signalhorns
- ¼ Tasse Margarine oder Butter
- 1 Teelöffel Italienisches Gewürz
- ½ Teelöffel Knoblauchpulver
- ⅓ Tasse Parmesan Käse

ANWEISUNGEN:
a) In einer großen mikrowellengeeigneten Schüssel Popcorn und Maissnack vermischen.
b) In einem 1-Tasse-Mikrobecher die anderen Zutaten außer dem Käse vermischen.
c) 1 Minute lang auf hoher Stufe in der Mikrowelle erhitzen, oder bis die Margarine schmilzt; Aufsehen. Die Popcornmischung darüber gießen.
d) Rühren, bis alles gleichmäßig bedeckt ist. Ohne Deckel 2-4 Minuten in der Mikrowelle erhitzen, bis sie geröstet sind, dabei jede Minute umrühren. Parmesankäse darüber streuen.
e) Heiß servieren.

18. Sriracha-Popcorn-Eis

Ergibt etwa 1 Liter

ZUTATEN:
- 3 Esslöffel Sriracha
- 2 Tassen frisch gepopptes, fettfreies Popcorn
- 2¼ Tassen Sahne
- Leere Eiscremebasis

ANWEISUNGEN

a) Ein Backblech mit Backpapier auslegen. Den Ofen auf 220°F vorheizen. Verteilen Sie die Sriracha mit einem versetzten Spatel in einer sehr dünnen Schicht auf dem Pergament. Dörren Sie die Sriracha im Ofen etwa eine Stunde lang oder bis sie vollständig trocken ist. Vollständig abkühlen lassen. Zu diesem Zeitpunkt sollte das Pergament abgezogen oder abgekratzt werden. Legen Sie die Sriracha in eine Plastiktüte und zerstoßen Sie sie zu einem Pulver. Beiseite legen.

b) Beginnen Sie mit frisch gepopptem Mais, noch warm. Wenn Sie kein frisches Popcorn haben, können Sie abgepacktes Popcorn 5 Minuten lang im Ofen bei 200 °F rösten, oder bis der Duft von Popcorn wahrnehmbar ist. Das fettfreie Popcorn ist wichtig, da es nicht das Öl enthält, das normales Popcorn enthält, wodurch das fertige Eis fettig wird.

c) In einem mittelgroßen Topf bei mittlerer Hitze das Popcorn zur Sahne geben. 3 bis 5 Minuten auf niedriger Stufe köcheln lassen. Mit einem Sieb über einer Schüssel die Flüssigkeit abseihen und dabei andrücken, um sicherzustellen, dass möglichst viel von der aromatisierten Sahne herauskommt. Es kann sein, dass etwas Popcornbrei durchkommt, aber das ist in Ordnung – es ist köstlich! Die restlichen Feststoffe für den Popcorn-Pudding aufheben. Lassen Sie die Creme vollständig abkühlen.

d) Durch die Absorption geht etwas Sahne verloren. Messen Sie daher die restliche Sahne ab und fügen Sie sie nach Bedarf hinzu, um wieder $1\frac{3}{4}$ Tassen Sahne zu erhalten.

e) Bereiten Sie den Rohlingsboden gemäß den Standardanweisungen vor, verwenden Sie jedoch die angereicherte Sahne und reduzieren Sie den Zucker auf $\frac{1}{4}$ Tasse.

f) Über Nacht im Kühlschrank aufbewahren. Wenn Sie bereit sind, das Eis zuzubereiten, mixen Sie die Mischung erneut mit einem Stabmixer, bis sie glatt und cremig ist.

g) In eine Eismaschine füllen und gemäß den Anweisungen des Herstellers einfrieren.

h) Kurz bevor das Eis fertig ist, das Sriracha-Pulver darüberstreuen und mit dem Rührbesen die Flocken verteilen. Wenn Sie die Sriracha zu früh hinzufügen, wird sie rehydriert und es entstehen Sriracha-Streifen statt Flocken.

i) In einem luftdichten Behälter aufbewahren und über Nacht einfrieren.

19. Akadisches Popcorn

ZUTATEN:

- 2 Pfund rohe Langustenschwänze (oder kleine Garnelen)
- 2 große Eier
- 1 Tasse trockener Weißwein
- ½ Tasse Maismehl
- ½ Tasse Mehl
- 1 Esslöffel frischer Schnittlauch
- 1 Knoblauchzehe, gehackt
- ½ Teelöffel Thymianblätter
- ½ Teelöffel Kerbel
- ½ Teelöffel Knoblauchsalz
- ½ Teelöffel schwarzer Pfeffer
- ½ Teelöffel Cayennepfeffer
- ½ Teelöffel Paprika
- Öl zum Frittieren

ANWEISUNGEN:

a) Spülen Sie die Langusten oder Garnelen in kaltem Wasser ab, lassen Sie sie gut abtropfen und stellen Sie sie bis zur Verwendung beiseite. Eier und Wein in einer kleinen Schüssel verquirlen und dann im Kühlschrank aufbewahren. In einer anderen kleinen Schüssel Maismehl, Mehl, Schnittlauch, Knoblauch, Thymian, Kerbel, Salz, Pfeffer, Cayennepfeffer und Paprika vermischen. Die trockenen Zutaten nach und nach in die Eimischung einrühren und gut verrühren. Decken Sie den entstandenen Teig ab und lassen Sie ihn dann 1-2 Stunden bei Zimmertemperatur stehen.

b) Erhitzen Sie das Öl in einem Schmortopf oder einer Fritteuse auf einem Thermometer auf 375 °F.

c) Tauchen Sie die trockenen Meeresfrüchte in den Teig und braten Sie ihn in kleinen Portionen 2-3 Minuten lang, bis er vollständig goldbraun ist.

d) Nehmen Sie die Langusten (oder Garnelen) mit einem Schaumlöffel heraus und lassen Sie sie auf mehreren Lagen Papiertüchern gründlich abtropfen. Servieren Sie es auf einer vorgewärmten Platte mit Ihrem Lieblingsdip.

20. Zitronen-Pfeffer-Popcorn mit Parmesan

Macht: 4

ZUTATEN:
- 4 Tassen luftgepopptes Popcorn
- 2 Esslöffel geriebener Parmesankäse
- $\frac{3}{4}$ Teelöffel Zitronenpfeffergewürz

ANWEISUNGEN:
a) In einer großen Schüssel alle Zutaten vermischen.
b) Gut umrühren und sofort servieren.

21. Nori-Algen-Popcorn

Macht: 6

ZUTATEN:
- Schwarze Sesamkörner, ein Esslöffel
- Brauner Zucker, ein Esslöffel
- Salz, halbe Teelöffel
- Kokosöl, halber Teelöffel
- Popcornkern, halbe Tasse
- Butter, zwei Esslöffel
- Nori-Algenflocken, ein Esslöffel

ANWEISUNGEN:
a) In einem Mörser die Nori-Algenflocken, die Sesamkörner, den Zucker und das Salz zu einem feinen Pulver zermahlen.
b) Das Kokosöl in einem großen Topf mit dickem Boden schmelzen.
c) Popcornkerne hinzufügen, mit einem Deckel abdecken und bei mittlerer Hitze kochen, bis sie platzen.
d) Fügen Sie sofort den Rest des Mais hinzu, nachdem der Mais geplatzt ist, setzen Sie den Deckel wieder auf und kochen Sie, indem Sie die Pfanne gelegentlich schütteln, bis alle Körner geplatzt sind.
e) Den gepoppten Mais in eine große Schüssel geben und ggf. mit der geschmolzenen Butter übergießen.
f) Streuen Sie die süße und salzige Nori-Mischung darüber und vermischen Sie alles mit den Händen, bis jedes Stück bedeckt ist.
g) Mit den restlichen Sesamkörnern belegen.

22. Kettle Corn & Kisses

ZUTATEN:
- Großer Topf mit Deckel
- ½ Tasse Popcornkerne
- ¼ Tasse Pflanzenöl
- ¼ Tasse weißer Zucker
- Salz nach Geschmack
- ½ Tasse Mini-Schokoladenstückchen

ANWEISUNGEN:
a) Pflanzenöl in einem großen Topf erhitzen.
b) Lassen Sie drei Popcornkerne in das Öl fallen, um die Temperatur zu testen. Vorsicht vor heißen Ölspritzern!
c) Wenn die Kerne platzen, Zucker zum Öl hinzufügen. Rühren, bis sich der Zucker aufgelöst hat, dann die restlichen Popcornkerne hinzufügen.
d) Den Topf schütteln, um die Kerne mit der Öl-Zucker-Mischung zu überziehen. Abdecken und bei mittlerer Hitze weitergaren, dabei den Topf häufig anheben und schütteln, damit das Popcorn nicht anbrennt.
e) Wenn das Knallen nachlässt und alle zwei bis drei Sekunden nur noch ein Knacken auftritt, nehmen Sie den Topf vom Herd und schütteln Sie den Topf weiter, bis das Knallen aufhört.
f) Sofort in eine große Schüssel gießen und umrühren, um große Popcornklumpen aufzubrechen.
g) Nach Geschmack Salz hinzufügen.
h) Fügen Sie Mini-Schokoladenstückchen zum teilweise abgekühlten Popcorn hinzu. Umrühren, um Popcorn mit Schokolade zu überziehen.
i) Vollständig abkühlen lassen.

23. Hakka-Gewürz-Popcorn

ZUTATEN:
- Gewürzmischung
- 2 Esslöffel Pflanzenöl
- ½ Tasse Popcornkerne
- Koscheres Salz

ANWEISUNGEN:

a) Kombinieren Sie in einer kleinen Bratpfanne oder Pfanne Ihre Gewürze; Sternanissamen, Kardamomsamen, Nelken, Pfefferkörner, Koriandersamen und Fenchelsamen. Die Gewürze 5 bis 6 Minuten rösten.

b) Nehmen Sie die Pfanne vom Herd und geben Sie die Gewürze in einen Mörser oder eine Gewürzmühle. Mahlen Sie die Gewürze zu einem feinen Pulver und geben Sie es in eine kleine Schüssel.

c) Den gemahlenen Zimt, Ingwer, Kurkuma und Cayennepfeffer hinzufügen und verrühren. Beiseite legen.

d) Einen Wok bei mittlerer bis hoher Hitze erhitzen, bis er gerade anfängt zu rauchen. Pflanzenöl und Ghee dazugeben und umrühren, bis der Wok bedeckt ist. 2 Popcornkerne in den Wok geben und abdecken.

e) Sobald sie aufplatzen, die restlichen Kerne hinzufügen und abdecken.

f) Ständig schütteln, bis das Knacken aufhört.

g) Füllen Sie das Popcorn in eine große Papiertüte. Fügen Sie 2 großzügige Prisen koscheres Salz und 1½ Esslöffel der Gewürzmischung hinzu. Falten Sie den Beutel zu und schütteln Sie ihn!

24. Karamell-Popcorn-Cluster mit gerösteten Erdnüssen

Ergibt: 3 Pfund

ZUTATEN:
- 2¼ Tassen (300 Gramm) geröstete Erdnüsse
- 3 Mikrowellenbeutel (200 Gramm) Popcorn
- 1¼ Teelöffel (6 Gramm) Backpulver
- 1½ Teelöffel (8 Gramm) Salz
- 1 Tasse (200 Gramm) Zucker
- ¾ Tasse (180 Gramm) brauner Zucker
- ¼ Tasse (84 Gramm) Ahornsirup
- ¼ Tasse (90 Gramm) Maissirup
- 6 Esslöffel (85 Gramm) Butter

ANWEISUNGEN:
a) Die Erdnüsse auf einem mit Backpapier ausgelegten Backblech verteilen. Im Ofen bei 200 °F erwärmen. Anschließend das Popcorn in eine übergroße Schüssel neben dem Herd geben. Mischen Sie Backpulver und Salz in einer kleinen Schüssel und stellen Sie diese neben den Herd.
b) In einem schweren 4-Liter-Topf Zucker, braunen Zucker, Ahornsirup, Maissirup und Butter bei schwacher Hitze verrühren. Wenn es so aussieht, als wären alle Zuckerkristalle geschmolzen, nehmen Sie den Rührstab heraus.
c) Bürsten Sie die Seiten des Topfes mit einem sauberen Backpinsel mit Wasser ab, bis sich keine Kristalle mehr an den Seiten des Topfes befinden.
d) Legen Sie ein Zuckerthermometer in den Topf und kochen Sie es ohne Rühren, bis die Mischung 290 °F erreicht.

e) Nehmen Sie die Pfanne vom Herd und geben Sie die Mischung aus Backpulver und Salz hinzu. Dadurch schäumt das Karamell auf. Seien Sie also darauf vorbereitet, dass es schnell aufgeht. Rühren Sie weiter, bis die Schaumbildung etwas nachlässt. Dann die erwärmten Erdnüsse unterrühren.

f) Die Karamell-Nuss-Mischung gleichmäßig auf dem Popcorn verteilen. Rühren Sie das Popcorn schnell mit zwei stark erhitzten Rührstäbchen um, bis das gesamte Popcorn gleichmäßig bedeckt ist.

g) Gießen Sie den Karamellmais auf eine Silikon-Backmatte oder Pergamentpapier. Klopfen Sie das Popcorn mit den Rührstäbchen leicht zu einer gleichmäßigen Schicht. Abkühlen lassen, dann in kleine Cluster zerteilen.

25. Asiatischer Fusion-Party-Mix

Ergibt: etwa 11 Tassen

ZUTATEN:
- 6 Tassen Popcorn
- 2 Tassen mundgerechte, knusprige Konjac-Reis-Frühstücksflockenquadrate
- 1 Tasse ungesalzene geröstete Cashewnüsse oder Erdnüsse
- 1 Tasse kleine Brezeln
- 1 Tasse Wasabi-Erbsen
- $1/4$ Tasse vegane Margarine
- 1 Esslöffel Sojasauce
- $1/2$ Teelöffel Knoblauchsalz
- $1/2$ Teelöffel Gewürzsalz

ANWEISUNGEN
a) Den Ofen auf 250°F vorheizen. In einer 9 x 13 Zoll großen Backform Popcorn, Müsli, Cashewnüsse, Brezeln und Erbsen vermischen.

b) In einem kleinen Topf Margarine, Sojasauce, Knoblauchsalz und Gewürzsalz vermischen. Unter Rühren bei mittlerer Hitze etwa 2 Minuten kochen, bis die Margarine geschmolzen ist. Über die Popcorn-Mischung gießen und gut verrühren. 45 Minuten backen, dabei gelegentlich umrühren. Vor dem Servieren vollständig abkühlen lassen.

26. Über die Grenze hinaus Popcorn

ZUTATEN:
- ¼ Tasse ungepoppter Mais (8 Tassen gepoppter Mais)
- 1 Tasse geriebener Monterey-Jack-Käse
- 2 Teelöffel Chilipulver
- 2 Teelöffel Paprika
- 2 Teelöffel gemahlener Kreuzkümmel

ANWEISUNGEN:
a) Pop-Popcorn. Gewürze unter den geriebenen Käse mischen.

b) Streuen Sie die Mischung über das ungewürzte Popcorn und vermischen Sie es, bis alles gut vermischt ist.

27. Mandel-Mokka-Popcorn

ZUTATEN:
- ½ Tasse starker Kaffee
- ½ Tasse weißer Maissirup
- ¼ Tasse Butter
- 1 Tasse brauner Zucker
- 1 Esslöffel Kakao
- ½ Tasse Popcorn, gepoppt
- 1 Tasse Mandeln; Kotelett geröstet

ANWEISUNGEN:
a) In einen schweren Topf Kaffee, Maissirup, Butter, braunen Zucker und Kakao geben.

b) Bei mäßiger Hitze auf einem Zuckerthermometer auf 280 °C kochen.

c) Den gepoppten Mais und die Mandeln darübergießen

28. Mandel-Toffee-Popcorn

ZUTATEN:
- 1 Tasse Zucker
- $\frac{1}{2}$ Tasse Butter
- $\frac{1}{2}$ Tasse weißer Maissirup
- $\frac{1}{4}$ Tasse Wasser
- 1 Tasse Mandeln; gehackt und geröstet
- $\frac{1}{2}$ Teelöffel Vanille
- $\frac{1}{2}$ Tasse Popcorn

ANWEISUNGEN:

a) In einem schweren Topf Zucker, Butter, Maissirup, Wasser und Mandeln vermischen.

b) Bei mäßiger Hitze auf einem Zuckerthermometer auf 280 °C kochen.

c) Fügen Sie die Vanille hinzu. Gut umrühren und über den gepoppten Mais gießen.

29. Amaretto-Popcorn

ZUTATEN:
- 3 Liter gepopptes Popcorn
- 1 Tasse unblanchierte ganze Mandeln
- ½ Tasse Margarine oder Butter
- ½ Tasse brauner Zucker verpackt
- ½ Tasse Amaretto

ANWEISUNGEN:
a) Heizen Sie den Ofen auf 250 °F vor. Ordnen Sie das Popcorn auf 2 Jelly Roll-Pfannen an. Streuen Sie Mandeln über das Popcorn. In einem kleinen Topf Margarine bei schwacher Hitze schmelzen; Braunen Zucker und Amaretto unterrühren.

b) Unter gelegentlichem Rühren zum Kochen bringen. 3 Minuten kochen lassen.

c) Vom Herd nehmen. Über Popcorn gießen; schwenken, bis alles vollständig bedeckt ist.

d) 1 Stunde bei 200°C backen; Zum Abkühlen auf Folie oder Wachspapier verteilen.

e) In einem locker abgedeckten Behälter aufbewahren.

30. Aprikosen-Leckerei-Popcorn

ZUTATEN:

- $\frac{1}{4}$ Tasse Butter
- 2 Esslöffel Aprikosengelee oder Marmelade
- 2 Esslöffel brauner Zucker
- $\frac{1}{2}$ Tasse Popcorn
- $\frac{1}{2}$ Tasse geröstete Kokosnuss
- $\frac{1}{2}$ Tasse geröstete Mandeln
- 1 Tasse getrocknete Aprikosen, klein geschnitten

ANWEISUNGEN:

a) Butter, Gelee und braunen Zucker in einen schweren Topf geben.

b) Bei mäßiger Hitze auf einem Zuckerthermometer auf 235 °C kochen.

c) Über den gepoppten Mais, die Kokosnuss, die Mandeln und die Aprikosen gießen.

31. Astronauten-Popcorn

ZUTATEN:
- 8 Tassen Popcorn
- ½ Tasse) Zucker
- ½ Tasse Tang-Orangengetränk in Pulverform
- ⅓ Tasse leichter Maissirup
- ⅓ Tasse Wasser
- ¼ Tasse Butter
- ½ Teelöffel Orangenextrakt
- 1 Teelöffel Backpulver

ANWEISUNGEN:
a) Popcorn in eine große, mit Butter bestrichene Backform geben. In einem separaten Topf Zucker, Getränkemischung, Sirup, Wasser und Butter vermischen. Bei mittlerer Hitze rühren, bis sich der Zucker aufgelöst hat. Unter häufigem Rühren kochen, bis die Mischung auf einem Zuckerthermometer 250 °C erreicht.

b) Vom Herd nehmen und Orangenextrakt und Backpulver einrühren.

c) Über das Popcorn gießen und gut vermischen. 1 Stunde backen, dabei gelegentlich umrühren. Vollständig abkühlen lassen.

32. Speck-Käse-Popcorn

ZUTATEN:

- 4 Liter gepopptes Popcorn
- ⅓ Tasse Butter geschmolzen
- ½ Teelöffel Gewürzsalz
- ½ Teelöffel Hickory-Räuchersalz
- ½ Tasse geriebener amerikanischer Käse
- ⅓ Tasse Speckstücke

ANWEISUNGEN:

a) Frisch gepoppten Mais in eine große Schüssel geben.
b) Margarine mit Hickory-Räuchersalz vermischen.
c) Über Popcorn gießen; Zum Überziehen gut umrühren.
d) Mit Käse und Speckstücken bestreuen.
e) Nochmals umrühren und warm servieren.

33. Bayou-Popcorn

ZUTATEN:

- 3 Esslöffel Butter; oder Margarine
- $\frac{1}{2}$ Teelöffel Knoblauchpulver
- $\frac{1}{2}$ Teelöffel Cayennepfeffer
- $\frac{1}{2}$ Teelöffel Paprika
- $\frac{1}{2}$ Teelöffel getrockneter Thymian
- $\frac{1}{2}$ Teelöffel Salz
- 12 Tassen gepoppter Mais

ANWEISUNGEN:

a) In einem schweren Topf Butter über Honig schmelzen. Hitze.

b) Andere Zutaten außer Popcorn unterrühren. 1 Minute kochen lassen.

c) Über das Popcorn gießen und verrühren, damit es gleichmäßig bedeckt ist. Sofort servieren.

34. BBQ-Popcorn

ZUTATEN:
- 6 Esslöffel Heißluftpopcorn ⅓ Tasse Butter
- 3 Esslöffel Chilisauce
- 1 Teelöffel Zwiebelpulver
- 1 Teelöffel Chilipulver ½ Teelöffel Salz
- 2 Esslöffel geriebener Parmesankäse

ANWEISUNGEN:

a) Popcorn in eine große Schüssel geben. In einem kleinen Topf Margarine schmelzen.

b) Chilisauce, Zwiebel, Chilipulver und Salz unterrühren.

c) Die Chili-Mischung nach und nach über das Popcorn gießen und gut vermischen.

d) Mit Käse bestreuen und vermischen.

35. Buffalo Hot Corn

ZUTATEN:

- 2 ½ Liter gepoppter Mais
- 2 Tassen leicht gebrochene Maischips
- 1 Tasse trocken geröstete Erdnüsse
- ¼ Tasse Butter
- 2 Esslöffel scharfe Sauce nach Louisiana-Art
- 1 Teelöffel Selleriesamen
- ¼ Teelöffel Salz

ANWEISUNGEN:

a) In eine kleine Schüssel 2 Tassen gepoppten Mais geben; beiseite legen.

b) Restliches Popcorn mit Maischips und Erdnüssen vermischen.

c) In einem kleinen Topf Butter mit scharfer Soße, Selleriesamen und Salz schmelzen; Über die Popcorn-Erdnuss-Mischung gießen und vorsichtig umrühren. Auf einem 15 x 10 Zoll großen Backblech verteilen.

d) 10 Minuten bei 350 °F backen. Vom Backblech in eine große Servierschüssel geben. Mit den restlichen 2 Tassen geröstetem Mais vermengen.

e) Sofort servieren oder in einem luftdichten Behälter aufbewahren.

36. Butter-Pekannuss-Popcorn

ZUTATEN:
- 8 c gepopptes Popcorn (ca. ⅓ bis ½ Tasse ungepoppt)
- Antihaft-Sprühbeschichtung
- ½ Tasse gebrochene Pekannüsse
- 2 Esslöffel Butter
- ⅓ c Leichter Maissirup
- ¼ Tasse Instant-Butter-Pekannuss-Pudding-Mischung
- ¼ Teelöffel Vanille

ANWEISUNGEN:
a) Entsorgen Sie ungeplatzte Popcornkerne.
b) Besprühen Sie eine 17 x 12 x 2 Zoll große Bratpfanne mit einer Antihaftbeschichtung.
c) Den gepoppten Mais und die Pekannüsse in die Pfanne geben.
d) Halten Sie Popcorn 16 Minuten lang in einem 300-Grad-Ofen warm und rühren Sie nach der Hälfte der Backzeit um.
e) Nehmen Sie die Pfanne aus dem Ofen.
f) Die Mischung auf ein großes Stück Folie stürzen. Popcorn vollständig abkühlen lassen.
g) Nach dem Abkühlen in große Stücke brechen.
h) Bewahren Sie Popcornreste gut abgedeckt bis zu 1 Woche an einem kühlen, trockenen Ort auf.

37. Butterscotch Brownies A-Poppin

ZUTATEN:
- 1 Tasse dunkelbrauner Zucker, fest verpackt
- $\frac{1}{4}$ Tasse Pflanzenöl
- 1 Ei
- 1 Teelöffel Vanille
- $\frac{3}{4}$ Tasse fein gemahlenes Popcorn
- 1 Teelöffel Backpulver
- $\frac{1}{2}$ Teelöffel Salz

ANWEISUNGEN:

a) Den Ofen auf 350 vorheizen? F (177? C). Eine quadratische 8-Zoll-Backform mit Butter bestreichen.

b) In einer großen Schüssel braunen Zucker, Öl und Ei glatt rühren.

c) Nüsse und Vanille untermischen.

d) Gemahlenes Popcorn, Backpulver und Salz vermischen.

e) Zur Ölmischung hinzufügen und gut umrühren.

f) Gleichmäßig in der gebutterten Pfanne verteilen.

g) 20 Minuten backen oder bis es braun ist.

h) Noch warm in Quadrate schneiden.

i) Ergibt 16 Brownies.

38. Butterscotch-Popcorn-Crunch

ZUTATEN:
- ½ Tasse ungepopptes Popcorn
- 1 Tasse hellbrauner Zucker verpackt
- ½ Tasse leichter Maissirup
- ½ Tasse Butter
- ¼ Tasse Butterscotch-Chips
- 1 Teelöffel Vanilleextrakt
- ½ Teelöffel Backpulver
- ¼ Teelöffel Salz
- 2 Tassen geröstete Walnüsse

ANWEISUNGEN:
a) Heizen Sie den Ofen auf 250 °C vor. Fetten Sie eine 14 x 10 Zoll große Bratpfanne ein. Lass das Popcorn platzen.
b) Nüsse und Popcorn in eine sehr große Schüssel geben. Braunen Zucker, Maissirup und Butter unter Rühren zum Kochen bringen, bis sich der Zucker aufgelöst hat.
c) Hitze reduzieren und 5 Minuten kochen lassen. Vom Herd nehmen; Butterscotch-Chips, Vanille, Backpulver und Salz unterrühren, bis eine glatte Masse entsteht. Schnell arbeiten und mit zwei Holzlöffeln den Sirup über das Popcorn und die Nüsse gießen und umrühren, bis alles gut bedeckt ist.
d) Die Mischung in die Pfanne gießen; 45 Minuten backen, dabei gelegentlich umrühren.
e) Aus dem Ofen nehmen und die Mischung etwa 15 Minuten lang in der Pfanne abkühlen lassen. Die Mischung

aus der Pfanne auf Folie stürzen, um sie vollständig abzukühlen.

f) Popcorn in kleinere Stücke brechen; In luftdichten Behältern an einem kühlen, trockenen Ort bis zu 2 Wochen lagern. Ergibt etwa 4 Liter.

39. Cajun-Popcorn

ZUTATEN:
- ½ Tasse Butter, geschmolzen
- 2 Teelöffel Paprika
- 2 Teelöffel Zitronenpfeffergewürz
- 1 Teelöffel Salz
- 1 Teelöffel Knoblauchpulver
- 1 Teelöffel Zwiebelpulver
- ¼ Teelöffel gemahlener roter Pfeffer
- 20 Tassen Popcorn

ANWEISUNGEN:
a) Ofen auf 300 vorheizen. In einer kleinen Schüssel Margarine, Paprika, Zitronenpfeffer, Salz, Knoblauchpulver, Zwiebelpulver und roten Pfeffer vermischen.

b) Popcorn in eine große Backform geben; Gießen Sie die Buttermischung über das Popcorn und rühren Sie, bis es gut bedeckt ist. 15 Minuten backen, dabei alle 5 Minuten umrühren.

c) Aus dem Ofen nehmen; total cool. In einem luftdichten Behälter aufbewahren.

d) Gerösteter Mais nimmt bis zu 37-mal so viel Platz ein wie ungerösteter Mais

40. Süßigkeiten-Apfel-Popcornbällchen

ZUTATEN:

- 2 Esslöffel Butter
- 2 Esslöffel Zucker
- 2 Esslöffel brauner Zucker
- $\frac{1}{4}$ Tasse Melasse
- $\frac{1}{4}$ Tasse weißer Maissirup
- $\frac{1}{4}$ Teelöffel Zimt
- $\frac{1}{8}$ Teelöffel Ingwer
- ds Nelken
- $\frac{1}{2}$ Tasse Popcorn; geknallt
- 1 Tasse Walnüsse; hacken, geröstet
- 1 Tasse getrocknete Äpfel; klein schneiden

ANWEISUNGEN:

a) In einen schweren Topf Butter, Zucker, braunen Zucker, Melasse, Maissirup, Zimt, Ingwer und Nelken geben.

b) Bei mäßiger Hitze auf einem Zuckerthermometer auf 280 °C kochen.

c) Den gepoppten Mais, die Walnüsse und die Äpfel darübergießen. Zu Kugeln formen.

41. Caramel Popcorn

ZUTATEN:

- 2 Tassen brauner Zucker
- ½ Tasse dunkler Maissirup
- 1 Tasse Butter
- 1 Teelöffel Vanilleextrakt
- 1 Packung Weinstein
- Salz nach Geschmack
- ½ Teelöffel Backpulver
- 8 Liter Popcorn; geknallt

ANWEISUNGEN:

a) Zucker, Sirup und Butter in einem Topf vermischen.
b) Zum Kochen bringen und 5 Minuten kochen lassen.
c) Vom Herd nehmen und Vanille, Weinstein, Salz und Backpulver hinzufügen.
d) Rühren, bis die Farbe heller wird und das Volumen zunimmt.
e) Gießen Sie die Mischung über das Popcorn und vermischen Sie es.
f) In eine Bratpfanne geben.
g) 1 Stunde bei 200 Grad backen, dabei 2 bis 3 Mal umrühren.
h) Auf Wachspapier gießen und zum Abkühlen trennen.
i) Ergibt 8 Liter.

42. Cheddar-Popcorn

ZUTATEN:

- ⅔ c Ungepopptes Popcorn
- ⅓ c Butter
- 1 Tasse fein geriebener Cheddar-Käse
- Salz und Pfeffer nach Geschmack

ANWEISUNGEN:

a) Lass das Popcorn platzen. Schmelze die Butter.

b) Etwas Pfeffer in die Butter mahlen. Aufsehen.

c) Den Käse in das Popcorn schichten.

d) Die Buttermischung darüber gießen und salzen.

43. Kirschpopcorn

ZUTATEN:
- 2½ Liter luftgepopptes Popcorn-Spray mit Buttergeschmack
- 1 Packung Gelatine mit Kirschgeschmack

ANWEISUNGEN:
a) Popcorn in eine sehr große Schüssel geben und leicht mit Butteröl besprühen.

b) Mit Gelatine bestreuen. Für fünf Minuten in einen auf 350 Grad vorgeheizten Ofen geben.

c) Die Gelatine löst sich leicht auf und bleibt am Popcorn kleben.

44. Hühnchen-Popcorn

ZUTATEN:

- 2 ½ Esslöffel Butter
- 1 Würfel Hühnerbrühe
- 2 Liter gepopptes Popcorn
- Salz nach Geschmack

ANWEISUNGEN:

a) Butter bei schwacher Hitze schmelzen. Brühwürfel in schmelzender Butter auflösen.

b) Über Popcorn träufeln. Nach Geschmack Salz hinzufügen. Ergibt 2 Liter.

45. Chili-Popcorn

ZUTATEN:
- 1 Teelöffel Salz
- 1 Teelöffel Chilipulver
- ½ Teelöffel Knoblauchpulver
- 1 Teelöffel gemahlener Kreuzkümmel
- 1 Esslöffel getrocknete Zwiebelflocken
- Cayennepfeffer nach Geschmack
- ½ Tasse Popcorn
- Butter nach Geschmack

ANWEISUNGEN:
a) Salz, Chilipulver, Knoblauchpulver, Kreuzkümmel, Zwiebelflocken und Cayennepfeffer mischen und gut vermischen.

b) Verwenden Sie einen oder zwei Teelöffel pro ½ Tasse Mais, gepoppt mit Butter.

c) Was hat Ohren, kann aber nicht hören?

d) Ein Stiel (knallender) Mais.

46. Chinesischer Popcorn-Genuss

ZUTATEN:

- 2 ½ Liter gepopptes Popcorn
- 1 Tasse Chow-Mein-Nudeln, optional
- ½ Tasse Erdnüsse
- ⅓ Tasse Erdnussöl
- 2 Esslöffel Sojasauce
- 1 Teelöffel Fünf-Gewürze-Pulver
- ½ Teelöffel Knoblauchpulver
- ½ Teelöffel Sesamsalz oder Salz
- ½ Teelöffel gemahlener Ingwer
- ¼ Teelöffel Cayennepfeffer
- ⅛ Teelöffel Zucker

ANWEISUNGEN:

a) Halten Sie Popcorn, Nudeln und Erdnüsse warm.

b) Die anderen Zutaten vermengen und gründlich verrühren.

c) Langsam über die Popcorn-Mischung gießen und vermischen.

d) In eine große Bratpfanne gießen. In einem 300 Grad Fahrenheit heißen Ofen 5–10 Minuten lang erhitzen, dabei einmal umrühren.

47. Schokoladen-Creme-Popcorn

ZUTATEN:
- 2 Liter gepoppter Mais
- 1 Tasse Zucker
- ½ Tasse Wasser
- ⅓ c Maissirup
- ¼ Teelöffel Salz
- 3 Esslöffel Margarine
- ⅓ c Schokoladenstücke
- 1 Teelöffel Vanilleextrakt

ANWEISUNGEN:
a) Eine große Schüssel leicht einfetten; Geben Sie den gepoppten Mais hinein. In einem Topf Zucker, Wasser, Maissirup und Salz vermischen.

b) Bei mäßiger Hitze auf 240 Grad F kochen.

c) Margarine hinzufügen; wenn es geschmolzen ist; Schokolade hinzufügen. Vanille einrühren.

d) Gießen Sie langsam heißen Sirup über den gepoppten Mais und rühren Sie dabei ständig mit zwei Gabeln um.

e) Rühren Sie weiter, bis der Mais bedeckt ist und der Sirup seinen Glanz verliert.

f) Wenn die Mischung abgekühlt ist; In dicht verschlossenen Behältern aufbewahren.

48. Popcornquadrate mit Schokoladenglasur

ZUTATEN:

- 1 Pck Popcorn aus der Mikrowelle
- 2 Esslöffel Butter
- 10 ½ Unzen Mini-Marshmallows
- ¼ Tasse streichfertige Schokolade – Glasur
- ½ Tasse gesalzene Erdnüsse
- ⅓ c Schokolade zum Aufstreichen – Glasur

ANWEISUNGEN:

a) Fetten Sie eine 9 x 13 Zoll große Pfanne ein.

b) Entfernen Sie nicht aufgeplatzte Kerne vom Popcorn und entsorgen Sie sie.

c) Butter in eine mikrowellengeeignete 4-Liter-Schüssel geben.

d) Mikrowelle ohne Deckel auf HOCH stellen, etwa 30 Sekunden lang oder bis es geschmolzen ist.

e) Marshmallows und Zuckerguss unterrühren, bis die Marshmallows bedeckt sind.

f) Ohne Deckel 2-3 Minuten in der Mikrowelle erhitzen, dabei jede Minute umrühren, bis die Mischung glatt ist.

g) Erdnüsse und Popcorn unterheben, bis alles bedeckt ist.

h) Die Mischung in die Pfanne drücken.

i) Mit Schokoladenglasur bestreichen; Cool.

j) In Riegel schneiden.

k) SCHOKOLADENGLASUR: Zum Auftragen des Zuckergusses in eine kleine mikrowellengeeignete Schüssel geben.

l) Mikrowelle, auf HOCH, etwa 30 Sekunden oder bis es gerade geschmolzen ist.

49. Zimt-Apfel-Popcorn

ZUTATEN:

- 2 Tassen gehackte getrocknete Äpfel
- 10 Tassen Popcorn
- 2 Tassen Pekannusshälften
- 4 Esslöffel geschmolzene Butter
- 1 Teelöffel Zimt
- $\frac{1}{4}$ Teelöffel Muskatnuss
- 2 Esslöffel brauner Zucker
- $\frac{1}{4}$ Teelöffel Vanilleextrakt

ANWEISUNGEN:

a) Den Backofen auf 250 Grad vorheizen. Legen Sie die Äpfel in eine große, flache Backform. 20 Minuten backen. Nehmen Sie die Pfanne aus dem Ofen und rühren Sie Popcorn und Nüsse unter.

b) In einer kleinen Schüssel die anderen Zutaten vermischen.

c) Buttermischung über die Popcornmischung träufeln und gut umrühren. 30 Minuten backen, dabei alle 10 Minuten umrühren.

d) Zum Abkühlen auf Wachspapier gießen. In einem luftdichten Behälter aufbewahren.

e) Ergibt 14 Tassen Mischung.

50. CocoaPop Fudge

ZUTATEN:
- 2 Tassen Zucker
- 2 Quadrate ungesüßte Schokolade
- $\frac{1}{4}$ Tasse gesüßte Kondensmilch
- $\frac{3}{4}$ Tasse Wasser
- $1\frac{1}{2}$ Tassen gepoppter Mais, gehackt
- 1 Esslöffel Butter
- Vanille
- $\frac{1}{8}$ Teelöffel Salz

ANWEISUNGEN:
a) Schokolade im Topf schmelzen. Zucker, Milch, Wasser, Butter und Salz hinzufügen.

b) Auf weiche Kugeltemperatur (234–238 F) kochen. Vom Feuer nehmen. Aroma und Popcorn hinzufügen.

c) Auf Raumtemperatur abkühlen lassen. Cremig rühren. In eine gut gebutterte, flache Pfanne gießen. In Quadrate schneiden.

51. Kokos-Pekannuss-Popcorn

ZUTATEN:

- 16 Tassen Popcorn
- 1 Packung Kokosnuss-Pekannuss-Zuckergussmischung
- $\frac{1}{2}$ Tasse Butter
- $\frac{1}{4}$ Tasse leichter Maissirup $\frac{1}{3}$ Tasse Wasser
- $\frac{1}{2}$ Teelöffel Salz
- $\frac{1}{2}$ Teelöffel Backpulver

ANWEISUNGEN:

a) Heizen Sie den Ofen auf 200 °F vor. Verteilen Sie das Popcorn auf zwei ungefettete rechteckige Pfannen. Zuckergussmischung (trocken), Margarine, Maissirup, Wasser und Salz unter gelegentlichem Rühren erhitzen, bis an den Rändern Blasen entstehen.

b) Bei mittlerer Hitze 5 Minuten weitergaren, dabei gelegentlich umrühren. Vom Herd nehmen. Backpulver einrühren, bis es schaumig ist.

c) Über Popcorn gießen. Rühren, bis alles gut bedeckt ist. 1 Stunde backen, dabei alle 15 Minuten umrühren. In einem luftdichten Behälter aufbewahren. Ergibt 16 Tassen.

52. Kokos-Popcorn-Kuchen

ZUTATEN:

- 2 Liter gepopptes Popcorn, ungesalzen
- 1 Dose (4 Unzen) Kokosraspeln, geröstet
- 1 Tasse Zucker
- 1 Tasse leichter Maissirup
- $\frac{1}{2}$ Tasse Butter
- $\frac{1}{4}$ Tasse Wasser
- 2 Teelöffel Salz
- 1 Teelöffel Vanille
- 1 Liter Vanille-, Spumoni- oder Butter-Pekannuss-Eis
- Gesüßte frische oder aufgetaute gefrorene Frucht- oder Schokoladensauce

ANWEISUNGEN:

a) Popcorn und Kokosnuss in einer großen, mit Butter bestrichenen Schüssel vermischen.

b) Zucker, Sirup, Butter oder Margarine, Wasser und Salz in einem Topf vermischen.

c) Bei schwacher Hitze zum Kochen bringen und umrühren, bis sich der Zucker auflöst. Kochen Sie weiter, bis der Sirup das Stadium des harten Knackens (290–295 Grad Fahrenheit) erreicht. Vanille einrühren.

d) Sirup in einem feinen Strahl über die Popcornmischung gießen; rühren, bis die Partikel gleichmäßig mit Sirup bedeckt sind.

e) Die Hälfte der Popcornmischung auf eine mit Butter bestrichene 12-Zoll-Pizzaform geben; In einer dünnen Schicht auf dem Boden der Pfanne verteilen.

f) In keilförmige Portionen abteilen. Wiederholen Sie den Vorgang mit der restlichen Popcornmischung. Cool. Eine Schicht mit Eiscreme bedecken; Mit der zweiten Popcornschicht belegen.

g) Im Gefrierschrank aufbewahren. Zum Servieren in Spalten schneiden.

h) Pur oder mit gewünschtem Obst oder Soße servieren.

53. Cracklies

ZUTATEN:

- 1 Tasse Melasse
- 1 Tasse Zucker
- 3 Liter gepoppter Mais
- ½ Teelöffel Salz
- 1 Esslöffel Butter Butter schmelzen.

ANWEISUNGEN:

a) Zucker, Salz und Melasse hinzufügen. bis zum harten Crack-Stadium kochen (285 - 290 F).

b) Über den Mais gießen und beim Gießen umrühren. Zum Abkühlen dünn ausbreiten.

c) In Stücke brechen.

54. Cranberry-Popcornbällchen

ZUTATEN:

- 2 Tassen Zucker
- 1 Tasse gefrorenes Cranberry-Orangen-Relish
- ½ Tasse Cranberrysaft
- ½ Tasse leichter Maissirup
- 1 Teelöffel Essig ½ Teelöffel Salz
- 5 Liter ungesalzenes Popcorn

ANWEISUNGEN:

a) Alle Zutaten außer Popcorn in einem schweren Topf vermischen. Zum Kochen bringen; Reduzieren Sie die Hitze und kochen Sie es auf einem Süßigkeitsthermometer auf 250 Grad Fahrenheit. Die Mischung bildet in der Pfanne Blasen, achten Sie also darauf, dass sie nicht überkocht. Langsam auf heißes Popcorn gießen und verrühren, bis alles gut bedeckt ist. 5 Minuten stehen lassen oder bis sich die Mischung leicht zu Kugeln formen lässt. Die Hände einfetten und zu 7,6 cm großen Kugeln formen.

55. Curry-Parmesan-Popcorn

ZUTATEN:
- ½ Tasse Butter, geschmolzen
- ⅓ c geriebener Parmesankäse
- ½ Teelöffel Salz
- ¼ Teelöffel Currypulver
- 12 Tassen Popcorn (bereits gepoppt)

ANWEISUNGEN:
a) Margarine, Käse, Salz und Currypulver vermischen.
b) Über Popcorn gießen; werfen.

56. Betrunkene Popcornbällchen

ZUTATEN:

- 2 Liter gepopptes Popcorn
- $\frac{1}{2}$ Tasse trockener Whiskey-Sour-Mix (2 Päckchen individuelle Getränkemischung)
- $\frac{1}{2}$ Tasse) Zucker
- $\frac{1}{4}$ Teelöffel Salz
- $\frac{1}{4}$ Tasse heller Maissirup
- $\frac{1}{2}$ Tasse Wasser
- $\frac{1}{2}$ Teelöffel Essig

ANWEISUNGEN:

a) Heizen Sie den Ofen auf 250 °C vor. Geben Sie das Popcorn in eine große, 10 cm tiefe, mit Butter bestrichene Backform. Übermäßig warm halten.

b) Die anderen Zutaten in einen großen Topf geben. Kochen, bis die Mischung auf einem Zuckerthermometer 250 °C erreicht. Popcorn aus dem Ofen nehmen. Gießen Sie die Sirupmischung über das Popcorn.

c) Gut vermischen und formen!!

57. Fruchtiger Popcorn-Auflauf

ZUTATEN:

- 7 Tassen gekochtes Popcorn
- 1 Tasse Pekannussstücke
- $\frac{3}{4}$ Tasse kandierte rote Kirschen, zerschnitten
- $\frac{3}{4}$ Tasse brauner Zucker verpackt
- 6 Esslöffel Butter
- 3 Esslöffel heller Maissirup
- $\frac{1}{4}$ Teelöffel Backpulver
- $\frac{1}{4}$ Teelöffel Vanille

ANWEISUNGEN:

a) Entfernen Sie alle nicht aufgeplatzten Kerne vom Popcorn. In einer 17 x 12 x 12 Zoll großen Backform Popcorn, Pekannüsse und Kirschen vermischen. In einem 1-Liter-Topf braunen Zucker, Butter und Maissirup vermischen.

b) Bei mittlerer Hitze kochen und rühren, bis die Butter schmilzt und die Mischung zum Kochen kommt. Bei schwacher Hitze weitere 5 Minuten kochen lassen.

c) Vom Herd nehmen. Backpulver und Vanille einrühren.

d) Die Mischung über das Popcorn gießen. Vorsichtig umrühren, um die Popcornmischung zu beschichten.

e) Im Ofen bei 300 °C 15 Minuten backen; Aufsehen.

f) Weitere 5-10 Minuten backen. Popcorn in eine große Schüssel geben und abkühlen lassen

58. Fruchtige Popcorn-Kekse

ZUTATEN:

- 1 Tasse fein gemahlener Popmais
- 1 Tasse Zucker
- 1 Tasse Fein geschnittene Trockenfrüchte jeglicher Art
- $\frac{1}{2}$ Tasse geschmolzenes Backfett
- $\frac{1}{4}$ Tasse gesüßte Kondensmilch
- $\frac{1}{4}$ Tasse Wasser
- 1 Ei, gut geschlagen
- 1 Tasse Mehl
- 1 Tasse Maismehl
- 1 Teelöffel Salz
- $1\frac{1}{2}$ Teelöffel Muskatnuss
- 4 TL Backpulver

ANWEISUNGEN:

a) Mehl sieben, abmessen und mit Backpulver, Muskatnuss, Salz und Maismehl sieben. Backfettzucker vermischen. Ei hinzufügen.

b) Milch und Wasser hinzufügen. Gründlich mischen. Mehlmischung, Popcorn und Trockenfrüchte hinzufügen.

c) Gründlich mischen. Auf ein leicht bemehltes Brett stürzen. Rollen Sie ein ⅓ Zoll dickes Blatt aus. Mit einem bemehlten Ausstecher schneiden. Auf ein leicht geöltes Backblech legen. Im heißen Ofen (200 °C) 10-12 Minuten backen.

59. Knoblauch-Cheddar-Popcornbällchen

ZUTATEN:

- 50 Zehen frischer Knoblauch
- 2 Teelöffel Salz
- 4 c geriebener Cheddar-Käse
- 5 Liter gepoppter Mais

ANWEISUNGEN:

a) Knoblauch schälen und mit Salz zerkleinern, um ein Anhaften zu verhindern und den Knoblauchsaft aufzunehmen. Knoblauch mit Käse vermengen. In einer großen Glas- oder Plastikschüssel abwechselnd Popcorn und eine Knoblauch-Käse-Mischung schichten und dabei das Popcorn möglichst gleichmäßig verteilen, insbesondere am Rand der Schüssel.

b) In die Mikrowelle stellen und 1 Minute kochen lassen. Schüssel vorsichtig schütteln; Um 180 Grad drehen und noch 1 Minute kochen. Nicht zu lange kochen. Sofort auf ein Backblech legen und schnell pflaumengroße Kugeln formen. Legen Sie die Kugeln auf Wachspapierbögen. Ergibt 4 Dutzend Popcornbällchen.

60. Goldene Popcorn-Quadrate

ZUTATEN:

- 2 Tassen Zucker
- ½ Tasse Sirup hell
- 1 Tasse heißes Wasser
- ¼ Teelöffel Salz

ANWEISUNGEN:

a) Bis zum weichen Kugelstadium kochen. Vanille und Zitronensaft hinzufügen.

b) Gießen Sie 5 Liter Popcorn darüber, erhitzt mit 1 Tasse Erdnüssen oder 1 Tasse Walnussfleisch.

c) Mit heißem Sirup bedecken.

d) Mischen und verteilen. Den in Quadrate schneiden.

61. Müsli-Crunch-Popcorn

ZUTATEN:
- ¼ Tasse Butter
- 3 Esslöffel Honig
- 3 Esslöffel brauner Zucker
- ½ Tasse Popcorn
- 1 Tasse geröstete Nüsse
- 1 Tasse Haferflocken
- 1 Tasse geröstete Kokosnuss
- 1 Tasse Rosinen

ANWEISUNGEN:
a) Butter, Honig und braunen Zucker in einen schweren Topf geben.
b) Bei mäßiger Hitze kochen, bis es geschmolzen ist.
c) Den gepoppten Mais, die Nüsse, die Haferflocken, die Kokosnuss und die Rosinen darübergießen.
d) 30 Minuten bei 300°C backen.

62. Müsli-Popcorn-Riegel

ZUTATEN:
- 2 Liter gepopptes Popcorn
- 1 Tasse Honig
- 2 Tassen Hafer
- 1 Tasse Rosinen
- ½c gehackte Datteln
- 1 Tasse gehackte, trocken geröstete Erdnüsse

ANWEISUNGEN:
a) Honig in einem Topf erhitzen, bis er dünner wird und sich leicht gießen lässt.
b) Popcorn, Haferflocken, Rosinen und Nüsse in eine große Schüssel geben und verrühren, bis alles gut vermischt ist.
c) Gießen Sie Honig über die Mischung und rühren Sie mit einem Holzlöffel um.
d) In eine gefettete 9x13-Zoll-Pfanne drücken, mit Plastikfolie abdecken und mehrere Stunden kalt stellen. Drücken Sie die Mischung fest, bevor Sie sie in Riegel schneiden.
e) Ergibt 12.

63. Ernte-/Herbst-Popcorn

ZUTATEN:
- ⅓ Tasse geschmolzene Butter
- 1 Teelöffel getrocknetes Dillkraut
- 1 Teelöffel Zitronen-Pfeffer-Marinade
- 1½ Teelöffel Worcestershire-Sauce
- ½ Teelöffel Zwiebelpulver
- ½ Teelöffel Knoblauchpulver
- ½ Teelöffel Salz
- 2 Liter gepopptes Popcorn
- 2 Tassen Kartoffelpüree
- 1 Tasse gemischte Nüsse

ANWEISUNGEN:
a) Die ersten 7 Zutaten vermischen und gut vermischen. Weitere Zutaten hinzufügen.
b) Mischen/schütteln, bis alles gut vermischt ist.
c) Auf einem Backblech verteilen.
d) Im vorgeheizten Backofen (350 °C) 6-10 Minuten lang backen oder bis es leicht braun ist, dabei einmal umrühren. Genießen!!!

64. Hawaiianische Popcorn-Mischung

ZUTATEN:
- 3 Tassen Honey Graham Müsli
- 1 Tasse gesalzene Erdnüsse
- 1 Tasse Rosinen
- 1 Tasse getrocknete Bananenchips
- 2 Esslöffel Margarine oder Butter
- 2 Esslöffel Honig
- $\frac{1}{2}$ Teelöffel Zimt
- $\frac{1}{4}$ Teelöffel Salz
- 4 Tassen Popcorn
- 1 Tasse Kokosraspeln

ANWEISUNGEN:
a) Den Ofen auf 300 °F vorheizen.

b) Müsli, Erdnüsse, Rosinen und Bananenchips in einer Biskuitrolle vermischen.

c) Margarine und Honig in einem Topf bei schwacher Hitze erhitzen, bis die Margarine schmilzt.

d) Zimt und Salz einrühren. Über die Müslimischung gießen.

e) Rühren, bis alles gleichmäßig bedeckt ist. 10 Minuten backen, dabei einmal umrühren. Popcorn und Kokosnuss unterrühren.

f) Bei Bedarf mit zusätzlichem Salz bestreuen. In einem luftdichten Behälter aufbewahren. Ergibt 10 Tassen.

65. Himmlisches Hash-Popcorn

ZUTATEN:
- ¼ Tasse Butter
- 1 Tasse Schokoladenstückchen
- 1 Tasse geröstete Pekannüsse
- 6 Tassen Popcorn
- 4 Tassen Miniatur-Marshmallows

ANWEISUNGEN:
a) Butter, Schokolade und Pekannüsse in einen schweren Topf geben.
b) Bei mäßiger Hitze kochen, bis es geschmolzen ist, dabei häufig umrühren, um ein Anbrennen zu vermeiden. Den gepoppten Mais und die Marshmallows darübergießen.
c) Gut umrühren. Auf einem mit Butter bestrichenen Backblech verteilen und zum Abkühlen in den Kühlschrank stellen.
d) Für Variationen können Sie Butterscotch-Häppchen verwenden oder Bitterschokolade verwenden. Weiße Schokoladenstücke anstelle von Chips ergeben eine hübsche weiße Süßigkeit, die gefärbt und zu geformten Kuchenformen geformt werden kann. Für einen pikanteren Geschmack kann auch ein Überzug aus Joghurtbonbons verwendet werden.

66. Feiertags-Popcornbällchen

ZUTATEN:
- ½ TL Karo-Sirup
- 1 ½ pt brauner Zucker
- 2 Esslöffel Butter
- 1 Teelöffel Essig
- ½ Teelöffel Backpulver
- Etwa 6 Liter Popcorn

ANWEISUNGEN:
a) Erhitzen Sie die Mischung, bis sie beim Eintauchen in Wasser hart wird.
b) Gehen Sie an die Rückseite des Herdes, geben Sie in 1 EL Wasser aufgelöstes Backpulver hinzu und gießen Sie es über das französische Popcorn.
c) Ergibt etwa drei Dutzend Kugeln.

67. Honig-Pekannuss-Popcorn

ZUTATEN:
- 3 Liter gepopptes Popcorn (ohne Kerne)
- 2 Tassen Pekannusshälften
- $\frac{1}{2}$ Tasse Honig
- $\frac{1}{2}$ Tasse Butter oder Margarine
- 1 Teelöffel Vanille

ANWEISUNGEN:
a) Den Ofen auf 350 Grad F vorheizen.
b) Popcorn und Nüsse in einer großen hitzebeständigen Schüssel vermischen; beiseite legen.
c) Butter, Honig und Vanille in einem kleinen Topf vermischen.
d) Bei mittlerer Hitze kochen, bis die Butter schmilzt.
e) Gießen Sie die Honigmischung über die Popcornmischung.
f) Rühren, bis alles gut vermischt ist. Die Masse aufteilen und auf 2 Backbleche legen.
g) 15 Minuten backen, dabei alle 5 Minuten umrühren, bis es leicht goldbraun ist.

68. Heißes Senf-Popcorn

ZUTATEN:
- 2 Liter Popcorn in $\frac{1}{4}$ Tasse Öl gepoppt
- 1 Teelöffel Senf (trocken)
- $\frac{1}{2}$ Teelöffel Thymian
- $\frac{1}{4}$ Teelöffel gemahlener schwarzer Pfeffer

ANWEISUNGEN:

a) Popcorn warm halten.

b) Gewürze miteinander vermischen.

c) Zum gepoppten Popcorn geben und gründlich vermischen.

69. Eis-Popcornwiches

ZUTATEN:
- 2 ½ Liter gepopptes Popcorn
- 1 ½ Tasse hellbrauner Zucker
- ¾ Tasse dunkler Maissirup
- ½ Tasse Butter
- 1 Esslöffel Essig
- ½ Teelöffel Salz
- 16-Unzen-Paket Schokoladenstücke
- ½ Tasse gehackte Walnüsse
- 2 Pints Vanilleeis nach Brick-Art.

ANWEISUNGEN:
a) Popcorn warm halten. In einem 3-Liter-Topf braunen Zucker, Maissirup, Butter, Essig und Salz vermischen. Kochen und rühren, bis sich der Zucker auflöst.

b) Weiter kochen, bis die Masse fest ist (250 Grad Fahrenheit auf dem Süßigkeitsthermometer). Sirup über das Popcorn gießen; Zum Überziehen umrühren.

c) Schokoladenstücke und Nüsse hinzufügen; umrühren, nur um zu vermischen. In zwei 13 x 9 x 2 Zoll große Pfannen gießen, verteilen und fest verpacken.

d) Cool. In jede Form 12 Rechtecke schneiden. Schneiden Sie jeden halben Liter Eis in 6 Scheiben. Sandwich-Eis zwischen zwei Popcorn-Rechtecken.

70. Jamaikanisches Popcorn

ZUTATEN:
- 3 Esslöffel Butter
- 1 Esslöffel gemahlener Kreuzkümmel
- 1 Esslöffel Zucker
- ½ Esslöffel getrocknete rote Paprikaflocken
- 8 c Gepoppter Mais

ANWEISUNGEN:
a) In einem schweren Topf Butter über Honig schmelzen. Hitze.

b) Andere Zutaten außer Popcorn unterrühren.

c) Unter ständigem Rühren kochen, bis sich der Zucker auflöst.

d) Über Popcorn gießen; vermischen, um es gleichmäßig zu verteilen.

e) Sofort servieren.

71. Jelly Bean Popcorn Heaven

ZUTATEN:
- 6 - 8 Tassen Popcorn
- 1 Glas (7 Unzen) Marshmallow-Creme
- $\frac{1}{2}$ Tasse Erdnussbutter
- 1 Tasse kleine Gummibärchen

ANWEISUNGEN:
a) Marshmallow-Creme und Erdnussbutter in einer großen Schüssel vermischen.

b) Popcorn und Gummibärchen unterrühren, bis alles gleichmäßig bedeckt ist.

c) Drücken Sie die Mischung in eine gefettete quadratische 9-Zoll-Backform.

d) Etwa 4 Stunden im Kühlschrank lagern, bis es fest ist. In Quadrate schneiden.

72. Dschungel-Popcorn

ZUTATEN:
- 8 Tassen Popcorn
- ½ Tasse Honig
- ½ Tasse Butter
- 1 Teelöffel Zimt
- 1 kleine Dose Tiercracker

ANWEISUNGEN:
a) Den Backofen auf 300 Grad vorheizen. Popcorn in eine große gefettete Bratpfanne geben. Honig, Butter und Zimt in einer kleinen Pfanne bei schwacher Hitze schmelzen. Die Honigmischung über das Popcorn träufeln. Zum gründlichen Beschichten umrühren.
b) 10 bis 15 Minuten backen, dabei alle 5 Minuten umrühren.
c) Aus dem Ofen nehmen. In eine große Schüssel geben und abkühlen lassen. Fügen Sie Tiercracker hinzu.
d) Mikrowellenmethode: Geben Sie Honig, Butter und Zimt in ein 2-Tassen-Glas. Mikrowelle auf höchster Stufe erhitzen, bis es geschmolzen ist. Weiter wie oben.

73. Kemtuky Pralinen-Popcorn

ZUTATEN:
- 4 Liter gepopptes Popcorn, leicht gesalzen
- 2 Tassen gehackte Pekannüsse
- $\frac{3}{4}$ Tasse Butter
- $\frac{3}{4}$ Tasse brauner Zucker

ANWEISUNGEN:

a) In einer großen Schüssel oder einem Bräter Popcorn und Pekannüsse vermischen.

b) Butter und braunen Zucker in einem Topf vermischen. Unter Rühren die Popcornmischung erhitzen.

c) Zum Überziehen gut vermischen.

74. Popcorn-Crunch für Kinder

ZUTATEN:

- 1 Tasse Puderzucker
- 3 Esslöffel Wasser
- 1 Esslöffel Butter
- Prise Salz
- 2-3 Tropfen Lebensmittelfarbe

ANWEISUNGEN:

a) Mischen Sie die Zutaten auf dem Süßigkeitsthermometer bis zur Softball-Stufe (225 F).
b) Eine Portion Popcorn (ca. 8-10 Tassen) darübergießen, schnell und gut vermischen.
c) Wenn Sie es zu lange kochen, erhält es eine grobkörnigere Zuckerstruktur.

75. Zitronenpopcorn

ZUTATEN:
- ¼ Tasse Maisöl
- ¾ Tasse Popcorn
- Schale von 1 Zitrone
- Salz
- 2 Esslöffel Zitronensaft
- 2 Esslöffel geschmolzene Butter

ANWEISUNGEN:
a) In einem großen, schweren Topf Maisöl bei starker Hitze erhitzen, bis das Öl raucht. Fügen Sie 1 Maiskörner hinzu und erhitzen Sie ihn, bis der Maiskörner platzt.

b) Geben Sie den restlichen Mais hinzu, decken Sie den Topf ab und schütteln Sie ihn vorsichtig, bis der Mais zu platzen beginnt. Kräftig schütteln, bis das Knacken nachlässt.

c) Vom Herd nehmen. Zitronensaft mit zerlassener Butter vermischen.

d) Popcorn mit Zitronenschale, Salz und Butter/Zitronensaft vermischen.

76. Lakritz-Popcorn

ZUTATEN:
- 16 Tassen Popcorn
- 1 Tasse Zucker
- $\frac{1}{4}$ Tasse brauner Zucker
- $\frac{1}{4}$ Tasse Wasser
- $\frac{1}{2}$ Tasse leichter Maissirup
- $\frac{1}{4}$ Tasse Butter
- $\frac{1}{2}$ Teelöffel Backpulver
- $\frac{1}{2}$ Teelöffel Anisextrakt
- 1 Esslöffel schwarze Lebensmittelfarbe

ANWEISUNGEN:
a) Popcorn in eine große, mit Butter bestrichene Backform geben. Geben Sie den Zucker, das Wasser und den Maissirup bei mittlerer Hitze in einen schweren Topf und rühren Sie um.

b) Nachdem die Mischung gekocht ist, kratzen Sie die Seiten der Pfanne ab.

c) Legen Sie ein Zuckerthermometer in die Pfanne und kochen Sie es ohne weiteres Rühren auf 250 °F. Nehmen Sie die Pfanne vom Herd und rühren Sie Butter, Backpulver, Anisextrakt und Lebensmittelfarbe ein.

d) Über das Popcorn gießen und gut vermischen. Ohne Deckel 1 Stunde backen, dabei gelegentlich umrühren. Nach dem Abkühlen in luftdichten Behältern aufbewahren.

77. LolliPopcorn-Überraschung

ZUTATEN:
- 7 c Gepoppter Mais
- 3 c Miniatur-Marshmallows
- 2 Esslöffel Butter
- ¼ Teelöffel Salz
- Lebensmittelfarbe
- 8 Lutscher

ANWEISUNGEN:
a) Gepoppten Mais in eine große, gebutterte Schüssel geben.
b) Marshmallows, Butter und Salz bei schwacher Hitze unter häufigem Rühren erhitzen, bis sie geschmolzen und glatt sind.
c) Lebensmittelfarbe hinzufügen.
d) Über den gepoppten Mais gießen und vorsichtig umrühren.
e) Formen Sie die Lutscher zu 7,6 cm großen Kugeln.

78. Mac-Corn-Roon-Kekse

ZUTATEN:
- 1 Tasse Popcorn (alle harten Kerne entfernen)
- 1 Tasse fein gehackte Walnüsse
- 3 Eiweiß
- 1 Tasse Puderzucker
- $\frac{3}{4}$ Teelöffel Vanille

ANWEISUNGEN:
a) Popcorn in den Mixer geben und fein hacken. In einer Schüssel mit den Nüssen vermengen.

b) Eiweiß schaumig schlagen, dann Zucker hinzufügen und steif schlagen.

c) Vanille hinzufügen und vorsichtig mit Popcorn und Nüssen vermischen.

d) Löffelweise auf ein leicht geöltes Backblech tropfen. Im vorgeheizten 300-Grad-Ofen 30 bis 35 Minuten backen.

79. Ahorn-Maisquadrate

ZUTATEN:

- 1 Tasse Ahorn- oder brauner Zucker
- ¼ Tasse Ahornsirup
- ½ Tasse Wasser
- 1 Teelöffel Salz
- 1 Esslöffel Butter
- 1 Liter gepoppter Mais

ANWEISUNGEN:

a) Zucker, Sirup, Wasser und Salz auf 280 (krokant) kochen.

b) Butter hinzufügen und langsam auf 294 Grad erhitzen.

c) In der Zwischenzeit den Popcorn durch einen Fleischwolf grob mahlen oder fein hacken.

d) Wenn der Sirup gekocht ist, vom Herd nehmen und Popcorn einrühren. Auf eine gefettete Jelly-Roll-Pfanne gießen.

e) Mit einem geölten Nudelholz ausrollen. In Quadrate oder Riegel schneiden.

80. Marshmallow Creme Popcorn

ZUTATEN:

- 8 Tassen Popcorn
- 1 Tasse Puffreis-Müsli
- 3 Esslöffel Butter
- 7-Unzen-Glas Marshmallow-Creme

ANWEISUNGEN:

a) Popcorn und Müsli in einer großen, gefetteten Schüssel vermischen. Butter in einem mittelgroßen Topf bei schwacher Hitze schmelzen. Vom Herd nehmen. Marshmallow-Creme unterrühren. Über die Popcornmischung gießen. Umrühren, um eine gleichmäßige Beschichtung zu erzielen. Drücken Sie die Mischung in eine gefettete quadratische 9-Zoll-Backform. Etwa vier Stunden im Kühlschrank lagern, bis es fest ist. In Riegel schneiden.

81. Pilz-Popcorn

ZUTATEN:
- ½ Tasse Butter
- 1 Esslöffel getrocknete Zwiebelflocken
- 1 Esslöffel getrocknete Paprikaflocken
- Mehrere getrocknete Pilze klein schneiden
- ½ Tasse Popcorn
- Salz

ANWEISUNGEN:
a) Die Butter in einem schweren Topf schmelzen. Zwiebelflocken, Paprikaflocken und getrocknete Pilze hinzufügen. Bei mäßiger Hitze einige Minuten rühren. Über den gepoppten Mais gießen. Füge Salz hinzu.

82. Nacho-Popcorn

ZUTATEN:

- 3 Liter Popcorn
- 2 Tassen Maischips
- $\frac{1}{4}$ Tasse Butter
- 1 $\frac{1}{2}$ Teelöffel mexikanisches Gewürz
- $\frac{3}{4}$ Tasse Käse, Taco, gerieben

ANWEISUNGEN:

a) Heizen Sie den Ofen auf 300 F vor. Verteilen Sie Popcorn und Maischips in einer flachen, mit Folie ausgelegten Backform. Butter in einer kleinen Pfanne schmelzen. Mexikanische Gewürze unterrühren. Über die Popcornmischung gießen und gut vermischen.

b) Mit Käse bestreuen und vermengen. 5 bis 7 Minuten backen, bis der Käse geschmolzen ist.

c) Sofort servieren.

83. Orangen kandiertes Popcorn

ZUTATEN:
- ⅔ Tasse Orangensaft
- 1 ¼ Tassen Zucker
- ⅛ Tasse weißer Maissirup
- 1 Orange; Schale gerieben
- ½ Tasse Popcorn

ANWEISUNGEN:
a) Geben Sie Orangensaft, Zucker, Maissirup und Schale in einen schweren Topf.
b) Bei mäßiger Hitze auf einem Zuckerthermometer auf 280 °C kochen.
c) Über den gepoppten Mais gießen.

84. Parmesan-Schnittlauch-Popcorn

ZUTATEN:

- ⅔ c Popcorn
- ⅓ c Butter
- ½ Tasse frischer Schnittlauch
- 1 Tasse fein geriebener Parmesankäse
- Salz und Pfeffer

ANWEISUNGEN:

a) Lass das Popcorn platzen. Schmelze die Butter. Mahlen Sie den Pfeffer in die Butter (so viel Sie möchten).

b) Den Schnittlauch hacken und zusammen mit dem geriebenen Käse über das Popcorn streuen.

c) Die Buttermischung über das Popcorn und das Salz träufeln.

85. Erdnussbutter-Popcorn

ZUTATEN:

- 2 Liter gepoppter Mais
- ½ Tasse) Zucker
- ½ Tasse heller Maissirup
- ½ Tasse Erdnussbutter
- ½ Teelöffel Vanille

ANWEISUNGEN:

a) Zucker und Maissirup vermischen.

b) Bis zum Kochen bringen.

c) Vom Herd nehmen.

d) Erdnussbutter und Vanille hinzufügen.

e) Rühren, bis die Erdnussbutter geschmolzen ist.

f) Über das Popcorn gießen und umrühren, bis alles gut bedeckt ist.

86. Erdnussbutter-Popcornbecher

ZUTATEN:

- 2 Liter gepopptes Popcorn
- 1 Tasse leichter Maissirup
- $\frac{3}{4}$ Tasse cremige Erdnussbutter
- $\frac{1}{4}$ Tasse halbsüße Schokoladenstücke
- Kleine Erdnussbutterbecher, Schokoladensterne, Mini-Pralinen mit Bonbonüberzug, Erdnüsse mit Bonbonüberzug

ANWEISUNGEN:

a) Gepopptes Popcorn in eine große Schüssel geben. Maissirup in einem kleinen Topf zum Kochen bringen; 3 Minuten kochen lassen.

b) Vom Herd nehmen. Erdnussbutter und Schokoladenstückchen unterrühren, bis eine fast glatte Masse entsteht. Gießen Sie die Sirupmischung über das Popcorn. Zum Überziehen gut umrühren.

c) Etwa 8 Minuten abkühlen lassen.

d) Mit einem gehäuften Esslöffel die Popcornmischung zu einer Kugel formen.

e) Etwas flach drücken und mit dem Daumen eine Vertiefung in der Mitte machen.

f) Auf ein leicht gebuttertes, mit Wachspapier ausgelegtes Backblech legen. Füllen Sie jede Mitte mit dem gewünschten Belag.

g) In einem dicht verschlossenen Behälter aufbewahren.

87. Pfefferminz-Bonbon-Popcorn

ZUTATEN:
- ½ Tasse Wasser
- 1 Tasse Zucker
- 3/8 Tasse weißer Maissirup
- 1 Esslöffel Butter
- Pfefferminzöl
- 2 Tropfen Lebensmittelfarbe
- ½ Tasse Popcorn – gepoppt

ANWEISUNGEN:
a) In einen schweren Topf Wasser, Zucker, Maissirup und Butter geben.
b) Bei mäßiger Hitze auf einem Zuckerthermometer auf 280 °C kochen.
c) Nach Belieben das Öl und die Lebensmittelfarbe hinzufügen.
d) Gut umrühren und über den gepoppten Mais gießen.

88. Pfefferiges Popcorn

ZUTATEN:

- 2 Esslöffel Maisöl
- 2 Knoblauchzehen, geteilt
- Salz
- Gemahlener Pfeffer
- 2 Esslöffel Butter, geschmolzen
- 2 Esslöffel Olivenöl
- $\frac{3}{4}$ Tasse Popcorn
- 1 Knoblauchzehe, gehackt
- $\frac{1}{4}$ Teelöffel Cayennepfeffer
- $\frac{1}{4}$ Tasse scharfe Pfeffersauce

ANWEISUNGEN:

a) In einem großen, schweren Topf Maisöl und Olivenöl bei starker Hitze erhitzen, bis das Öl raucht.

b) Fügen Sie 1 Maiskörner hinzu und erhitzen Sie ihn, bis der Maiskörner platzt.

c) Gespaltene Knoblauchzehen und den Rest des Popcorns hinzufügen, den Topf abdecken und vorsichtig schütteln, bis der Mais zu platzen beginnt.

d) Kräftig schütteln, bis das Knacken nachlässt.

e) Vom Herd nehmen. Knoblauch entfernen.

f) Scharfe Pfeffersauce mit zerlassener Butter vermischen.

g) Popcorn mit gehacktem Knoblauch, Cayennepfeffer, schwarzem Pfeffer, Salz und scharfer Paprika/Butter vermischen.

89. Pesto-Popcorn

ZUTATEN:

- 5 Liter Popcorn
- ½ Tasse geschmolzene Butter
- 1 Esslöffel getrocknete Basilikumblätter, zerkleinert
- 1 Teelöffel getrocknete Petersilie, zerstoßen
- 1 Teelöffel Knoblauchpulver
- ⅓ Tasse Parmesankäse
- ½ Tasse Pinienkerne

ANWEISUNGEN:

a) Gepopptes Popcorn in eine große Schüssel geben und warm halten.

b) In einem kleinen Topf die Butter schmelzen; Basilikum, Petersilie, Knoblauch, Parmesankäse und Nüsse hinzufügen. Zum Mischen umrühren.

c) Über das gepoppte Popcorn gießen und gut umrühren.

90. Pina-Colada-Popcorn

ZUTATEN:
- 8 c Gepopptes Popcorn
- 2 Esslöffel Butter
- ⅓ c Leichter Maissirup
- ¼ Tasse Instant-Kokoscremepudding
- ¾ Teelöffel Rum-Extrakt
- ½ Tasse gewürfelte getrocknete oder kandierte Ananas
- ½ Tasse Kokosnuss, geröstet

ANWEISUNGEN:
a) Um die Kokosnuss zu rösten, verteilen Sie die Kokosnuss in einer dünnen Schicht auf einer flachen Backform. In einem auf 250 Grad vorgeheizten Ofen 6 bis 7 Minuten lang backen oder bis es hellbraun ist, dabei häufig umrühren.

b) Entfernen Sie alle nicht aufgeplatzten Kerne vom Popcorn.

c) Legen Sie das Popcorn in eine gebutterte 17 x 12 x 2 Zoll große Backform. Halten Sie das Popcorn in einem 300-Grad-Ofen warm, während Sie den Überzug herstellen. In einem kleinen Topf die Butter oder Margarine schmelzen.

d) Topf vom Herd nehmen. Maissirup, Puddingmischung und Rumextrakt unterrühren. Popcorn aus dem Ofen nehmen.

e) Gießen Sie die Sirupmischung über das Popcorn. Mit einem großen Löffel das Popcorn vorsichtig mit dem Sirup vermischen, um es zu bedecken. Popcorn ohne Deckel 15 Minuten in einem auf 300 Grad vorgeheizten Ofen backen.

f) Nehmen Sie das Popcorn aus dem Ofen und rühren Sie die getrocknete Ananas und die Kokosnuss unter.

g) Backen Sie die Popcornmischung ohne Deckel weitere 5 Minuten.

h) Die Mischung auf ein großes Stück Folie stürzen. Kühlen Sie die Mischung vollständig ab.

91. Pikantes Popcorn

ZUTATEN:
- 2 Esslöffel geriebener Parmesankäse
- 1 Teelöffel Knoblauchpulver
- 1 Teelöffel italienisches Kräutergewürz
- 1 Teelöffel Paprika
- ½ Teelöffel Salz
- Pfeffer
- 2 Liter heißes Popcorn

ANWEISUNGEN:
a) In einem Mixer Käse, Knoblauchpulver, italienische Gewürze, Paprika, Salz und Pfeffer etwa 3 Minuten lang vermischen.
b) Popcorn in eine große Schüssel geben; Mit Käsemischung bestreuen.
c) Zum gleichmäßigen Überziehen vermischen.

93. Popcorn à la Koolaid

ZUTATEN:
- 2 Tassen Zucker
- 1 Tasse leichter Maissirup
- ⅔ Tasse Butter
- 2 Packungen Kool-Aid (ungesüßt)
- 1 Teelöffel Backpulver
- 6 Liter gepopptes Popcorn

ANWEISUNGEN:

a) In einem mittelgroßen Topf Zucker, Maissirup und Butter vermischen.

b) Bei mittlerer Hitze kochen, bis die Mischung sprudelnd kocht; 3 Minuten kochen lassen. Backpulver und Kool-Aid einrühren.

c) Über Popcorn gießen.

d) 45 Minuten bei 225 Grad backen, dabei alle 10 Minuten umrühren.

e) Aus dem Ofen nehmen und sofort aufbrechen. Wenn es schnell geht, kann das Popcorn in dekorative Formen gepresst werden.

94. Popcorn-Cluster

ZUTATEN:

- 8 c Gepoppter Mais
- 1 Tasse Zucker
- ⅓ c Leichter Maissirup
- ⅓ c Heißes Wasser
- ⅛ Teelöffel Salz
- ½ Teelöffel Vanille
- 1 Pfund Schokoladenüberzug

ANWEISUNGEN:

a) Gepoppten Mais in eine große Schüssel geben. In einem kleinen Topf Zucker, Sirup, Wasser und Salz vermischen.
b) Gut abdecken und zum Kochen bringen.
c) Deckel abnehmen und Thermometer hinzufügen.
d) Auf 270 Grad kochen; Vom Herd nehmen und Vanille einrühren.
e) Gießen Sie gekochten Sirup über den gepoppten Mais und rühren Sie um, um den Mais zu bedecken. Vollständig abkühlen lassen und dann durch einen Zerkleinerer laufen lassen.
f) Schokoladenüberzug oben im Wasserbad schmelzen. Rühren Sie gemahlenes Popcorn unter die Schokolade und verwenden Sie dabei so viel Popcorn, wie die Schokolade aufnehmen kann.
g) In mit Schokolade ausgelegte Formen füllen oder zwischen Wachspapier ausrollen und mit Keksausstechern oder Messern in Formen schneiden. Ergibt etwa 50 Stück.

95. Popcorn-Heuhaufen

ZUTATEN:
- 1 Liter gepopptes Popcorn
- 1 Tasse Erdnüsse
- 3 Unzen Chow-Mein-Nudeln
- 12 Unzen Schokoladenstückchen

ANWEISUNGEN:
a) Gepoppten Mais, Erdnüsse und cm-Nudeln in einer großen Schüssel vermengen
b) Beiseite legen.
c) Choco-Chips in eine Glasschüssel geben.
d) 3 Minuten lang auf mittlerer Stufe in der Mikrowelle erhitzen.
e) Über die Popcornmischung gießen.
f) Mischen, bis alles gut vermischt ist.
g) Geben Sie einen Löffel der verrührten Mischung auf Wachspapier.
h) Abkühlen lassen, bis es fest ist.
i) In einem dicht verschlossenen Behälter aufbewahren.

96. Popcorn-Honigbällchen

ZUTATEN:
- 1 ½ Liter ungebutterter Popcorn, gesalzen
- ½ Tasse brauner Zucker
- ½ Tasse Kristallzucker
- ¼ Tasse Honig
- ⅓ c Wasser
- 1 Esslöffel Butter

ANWEISUNGEN:
a) Legen Sie den Popcorn in den Ofen, um ihn warm zu halten. Zucker, Honig und Wasser in einem gebutterten 2-Liter-Topf mit dickem Boden vermischen. Unter Rühren langsam erhitzen, bis sich der Zucker aufgelöst hat.
b) Bis zur festen Kugelform kochen (248 °C).
c) Butter hinzufügen und nur so viel umrühren, dass eine Mischung entsteht. Den Sirup langsam über das Popcorn gießen und vermischen. Mit gebutterten Händen zu Kugeln formen.
d) Ergibt etwa 12.

97. Popcorn Italiano

ZUTATEN:

- 2 Esslöffel Butter
- 1 Knoblauchzehe, gehackt
- ½ Teelöffel getrocknete Oreganoblätter
- 8 c Heißes Popcorn
- 2 Esslöffel geriebener Parmesankäse

ANWEISUNGEN:

a) In einer 1,5-Liter-Soßenpfanne bei mittlerer Hitze in heißer Butter Knoblauch und Oregano anbraten.

b) In einer großen Schüssel die Buttermischung über das Popcorn träufeln. Mit Käse vermischen.

98. Popcorn-Makronen

ZUTATEN:

- 3 Eiweiß
- Salz
- $\frac{1}{2}$ Teelöffel Backpulver
- 1 Tasse Kokosnuss; getoastet
- 1 Tasse Popcorn; geknallt - im Mixer zerkleinert

ANWEISUNGEN:

a) Eiweiß schaumig schlagen und Salz und Backpulver hinzufügen. steif schlagen.

b) Die geröstete Kokosnuss und den gehackten Popmais unterheben.

c) Teelöffelweise auf gefettete Backbleche verteilen.

d) 15 Minuten bei 350°C backen, bis es leicht gebräunt ist.

99. Popcorn-Muffins

ZUTATEN:

- 16 Spieße/Holzstäbchen
- ⅔ Tasse ungepopptes Popcorn
- 1 Tasse Erdnüsse
- 1 Tasse Melasse
- 1 Tasse Zucker
- 1 Teelöffel Salz

ANWEISUNGEN:

a) Gepoppten Mais und Erdnüsse in einer großen Schüssel oder Pfanne vermengen. In einem 2-Liter-Topf Melasse, Zucker und Salz vermischen. Bei mittlerer Hitze bis zum harten Kugelstadium (260 Grad) garen.
b) Gießen Sie den Sirup langsam über den gepoppten Mais und die Nüsse und rühren Sie, bis die Mischung gut bedeckt ist.
c) In 5-Unzen-Kaltgetränkebecher füllen.
d) Jeweils einen Holzspieß hineinstecken und abkühlen lassen.
e) Zum Entfernen auf den Tassenboden drücken. Ergibt etwa 16

ABSCHLUSS

Dieses Buch hat Gourmet-Popcorn mit kreativen und köstlichen Wendungen neu erfunden. Butterpopcorn wird nach dem Verzehr von Leckereien wie Turtle Brownie Popcorn, Erdbeerpopcorn mit Schokoladenüberzug und Bacon Ranch Popcorn langweilig wirken! Dies ist das perfekte Buch für einen Freitagabend-Filmabend!

www.ingramcontent.com/pod-product-compliance
Lightning Source LLC
Chambersburg PA
CBHW070406120526
44590CB00014B/1280